超简单！

象棋自学一本通

楚河　汉界

帅　将

爱林博悦　编著

人民邮电出版社

北京

图书在版编目（CIP）数据

超简单！象棋自学一本通 / 爱林博悦编著. -- 北京：
人民邮电出版社，2023.7
ISBN 978-7-115-61516-9

Ⅰ．①超… Ⅱ．①爱… Ⅲ．①中国象棋－基本知识
Ⅳ．①G891.2

中国国家版本馆CIP数据核字(2023)第062169号

免 责 声 明

内 容 提 要

象棋是一种古老的棋类游戏，其战略思想和战术技巧受到了中国古代军事的影响，
是一种趣味性强的二人智力对抗项目。

本书分为七章。第一章介绍象棋的用具及摆棋。第二章介绍棋子的走法和吃法。第
三章从记谱、行棋、将军、应将和胜负等方面介绍象棋的规则。第四章从常见的将死对
方的方法入手，重点介绍象棋的基本杀法，从而带领读者复习前三章的基础内容，并为
之后的学习打好基础。第五章为象棋开局的介绍，详细介绍了常见的开局种类、开局技
巧等。第六章为象棋中局的介绍，重点介绍了如何制定战略和战术。第七章为象棋残局
的介绍，以兵类残局为例，详细介绍残局阶段的攻守技巧。

本书为象棋的入门书，以图例的方式呈现，适合新手阅读。

◆ 编　　著　爱林博悦
　　责任编辑　裴　倩
　　责任印制　彭志环
◆ 人民邮电出版社出版发行　　北京市丰台区成寿寺路 11 号
　　邮编　100164　电子邮件　315@ptpress.com.cn
　　网址　https://www.ptpress.com.cn
　　涿州市殷润文化传播有限公司印刷
◆ 开本：700×1000　1/16
　　印张：7　　　　　　　　　　　2023 年 7 月第 1 版
　　字数：115 千字　　　　　　　2025 年 9 月河北第 8 次印刷

定价：29.80 元

读者服务热线：(010)81055296　印装质量热线：(010)81055316
反盗版热线：(010)81055315

目 录

第三章　象棋的规则 35

第四章　象棋的基本杀法 49

第五章　象棋开局 67

第六章　象棋中局 86

第七章　象棋残局.. 102

第 ● 章

棋盘、棋子、摆棋

认识棋盘

象棋的棋盘由十根横线和九根竖线垂直交叉而成，总共有九十个交叉点，象棋的棋子就活动在这九十个交叉点上。棋盘以河界为中心，分为上下两个部分，上下两个部分又有九宫和位标。

河界

棋盘上第五根与第六根横线之间，未画竖线的一条空白横道象征两军阵营的界限，称为"河界"（通常棋盘上会标为"楚河汉界"，来自历史上项羽和刘邦的楚汉争霸的典故。），河界将整个棋盘分为上下相同的两个部分。

九宫

在双方阵营的底部中心，呈米字方格的区域，称为"九宫"。九宫并非九个格子，而是九个交叉点。

位标

以棋手为准，棋盘上的九根竖线从右至左分别为1至9或一至九线（路）。棋手记谱时以自己为准，标称棋盘上的九十个交叉点。

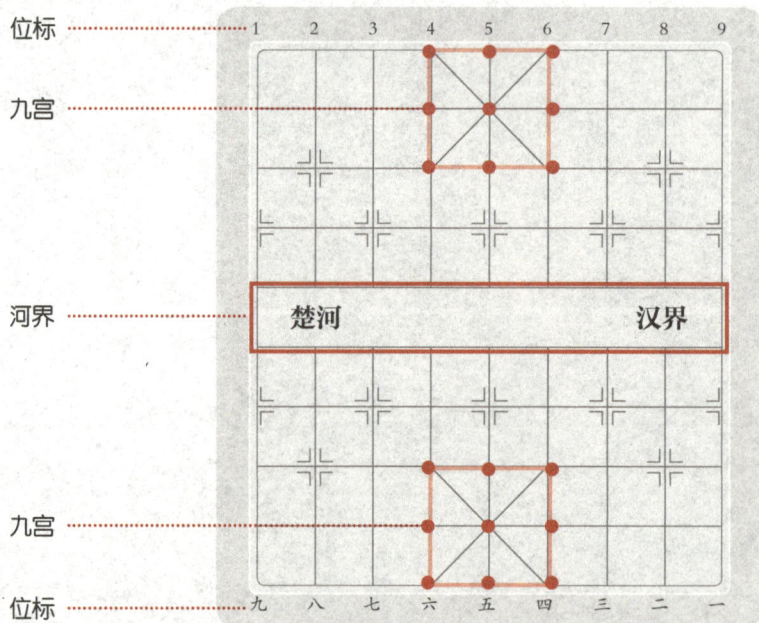

棋盘的专业术语

棋盘的横线和竖线有专业术语代称，下面先介绍一下，以便后期阅读。

中线

棋盘中第五条竖线为中线。

肋道

棋盘中第四和第六条竖线为肋道。

边线

棋盘中第一和第九条竖线为边线。

底线

以棋手为准，由下至上的第一条横线为底线。

底二线

以棋手为准，由下至上的第二条横线为底二线。

宫顶线

以棋手为准，由下至上的第三条横线为宫顶线，也是九宫的顶线。

兵行线/卒林线

以棋手为准，由下至上的第四条横线为兵行线/卒林线，这是兵和卒的起点位置。

河界线

构成河界的两条横线为河界线。

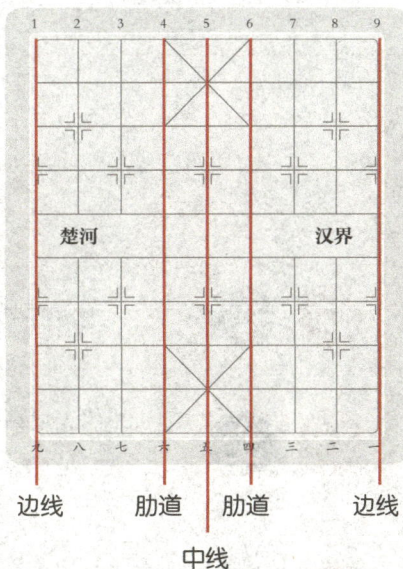

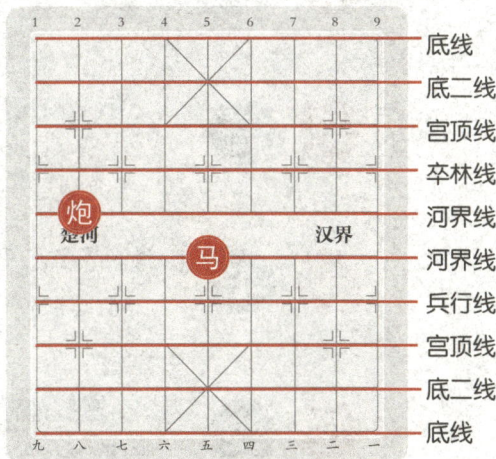

提示

棋手下棋时，棋子在自己的河界线上称为"巡河"，在对方的河界线上称为"骑河"。以红色棋子马和炮为例，上图所示的马为"巡河"，炮为"骑河"。

9

认识棋子

象棋棋子分红、黑两方阵营，两方棋子的种类和数量完全相同，各方棋子种类有七种，各方棋子数量有十六颗。

名称	平面图示	含义	各方棋子数量
帅/将	帅 将	代表最高指挥官，在后方指挥作战	1
仕/士	仕 士	代表最高指挥官的贴身侍卫，不离将（帅）左右	2
相/象	相 象	相（象）的作用是防守，可将它理解为丞相	2
马	马 马	代表骑兵，可多方向发起进攻，这个棋子既有速度，又有灵活度	2
车	车 车	代表战车，可快速发起远距离的进攻，它是双方阵营中威力最强的棋子	2
炮	炮 炮	代表炮台或火炮，可远距离攻击对方阵营，是双方阵营中威力第二强的棋子	2
兵/卒	兵 卒	代表步兵，是双方阵营中数量最多的棋子，也属于进攻性棋子，需近距离作战	5

学习摆棋

认识棋子后，需要学习正确地将棋子摆放到初始位置上。

首先，棋子摆放在交叉点上，不可摆在方格内，或者横线和竖线上。

其次，棋子的初始位置，横向以中线为准左右对称摆放，纵向以河界为准两方阵营对称。

最后，每方棋子摆放在底线、宫顶线、兵行线或卒林线上；为了方便记忆棋子的位置，可记住顺口溜"五个小兵一排站，两门大炮阵地前，元帅将军中间坐，仕相马车站两边"。在棋谱记录中，通常上方摆黑棋，下方摆红棋。

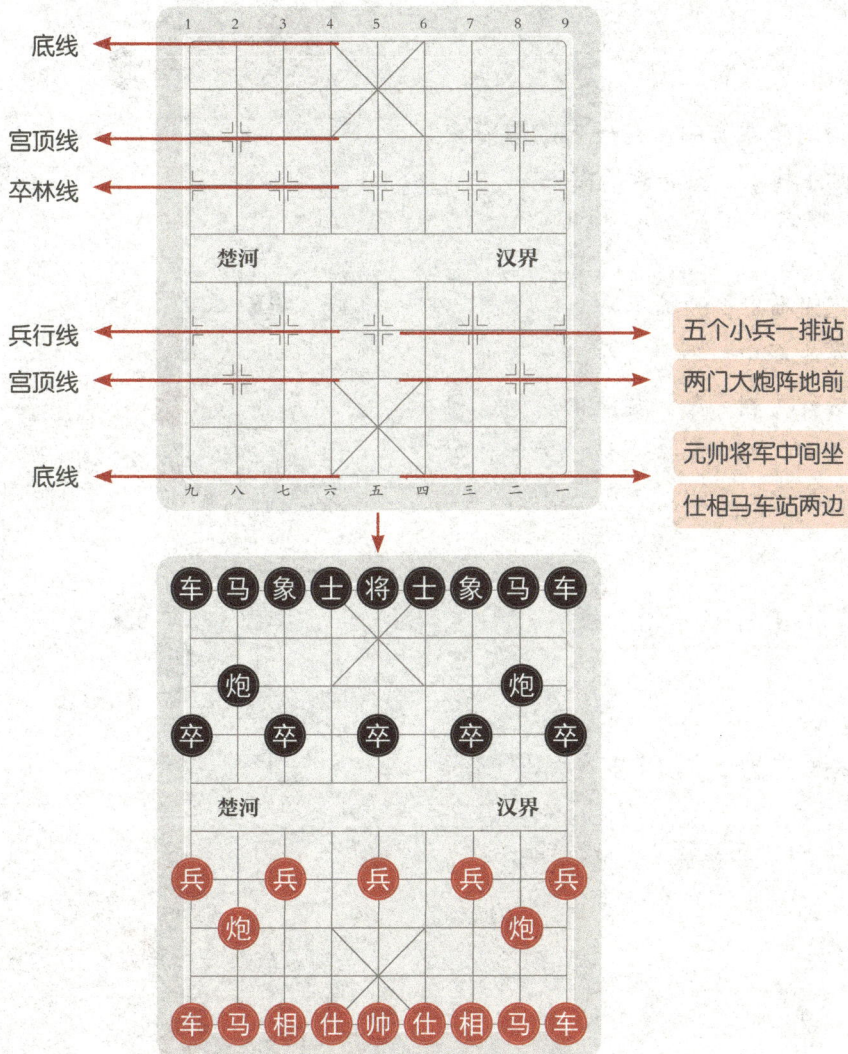

底线

宫顶线

卒林线

楚河　　　汉界

兵行线　　　　五个小兵一排站

宫顶线　　　　两门大炮阵地前

元帅将军中间坐

底线　　　　仕相马车站两边

车 马 象 士 将 士 象 马 车

炮　　　　炮

卒　卒　卒　卒　卒

楚河　　　汉界

兵　兵　兵　兵　兵

炮　　　　炮

车 马 相 仕 帅 仕 相 马 车

棋子的术语

象棋的棋子处于不同位置时有对应的术语，棋子在不同状态下也有相关术语，下面分别举出一些常用的棋子术语。

帅（将）的术语

山顶帅

又称山顶公，指位于宫顶线上的帅（将）。

剥光猪

指对垒双方中，有一方的棋子只剩下帅（将），已无其他棋子。

光帅

指没有守备的帅（将）。

在右图中：红方只剩帅，因此，红方的帅为剥光猪；黑方的将无任何棋子守护，且位于宫顶线，因此，黑方的将既为山顶帅，又为光帅。

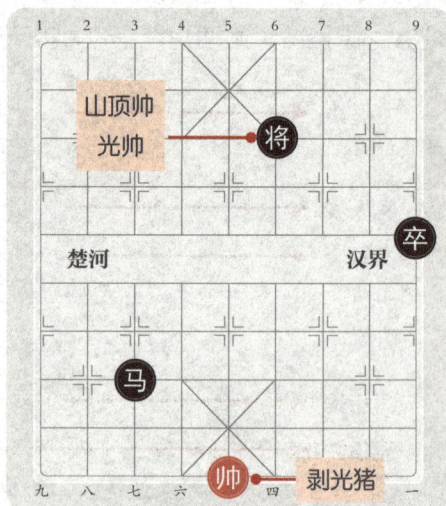

帅（将）的术语示意图

仕（士）的术语

羊角士

指一方的士（仕）支在九宫上角。

在右图中：红方的仕位于九宫右上角，称为羊角士；当黑方的士移动至图中的两个红色定位点时，便也称为羊角士。

仕（士）的术语示意图

相（象）的术语

边相（象）

指位于边线上的相或象：从红方来看是指位于一路和九路上的相，从黑方来看是指位于1路和9路上的象。

在右图中，棋盘上的相和象都位于边线上，便称之为边相（象）。

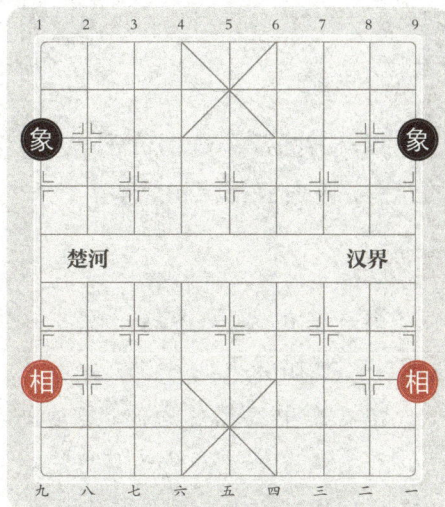

相（象）的术语示意图

马的术语

边马

指位于两根边线上的马。

盘河马

指一方的马位于己方河界线与三路或七路交叉点上。

高钓马

从红方来看，指位于卒林线与三路或七路交叉点上的马；从黑方来看，指位于兵行线与3路或7路交叉点上的马。

窝心马

又称归心马或入宫马，指一方的马走入己方九宫中心。

在右图中，红方的马分别为边马和盘河马，黑方的马分别为高钓马和窝心马。

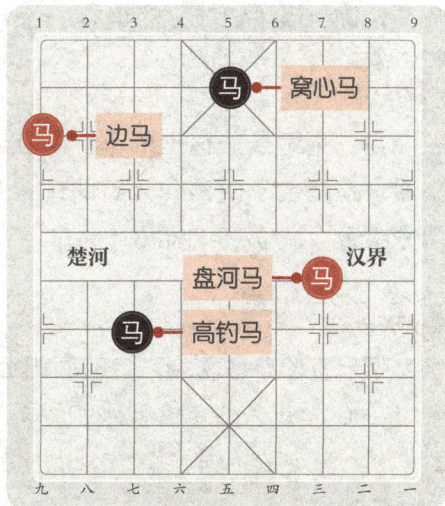

马的术语示意图（一）

挂角马

指位于对方九宫四角中任意一角的马。

连环马

指一方的双马分别位于"日"字的对角，形成互相保护之势。

屏风马

指一方的双马并蹰，保护中兵（卒），状如屏风。

在右图中：黑方位于6路的马为挂角马，黑方的双马为连环马；红方的双马为屏风马。

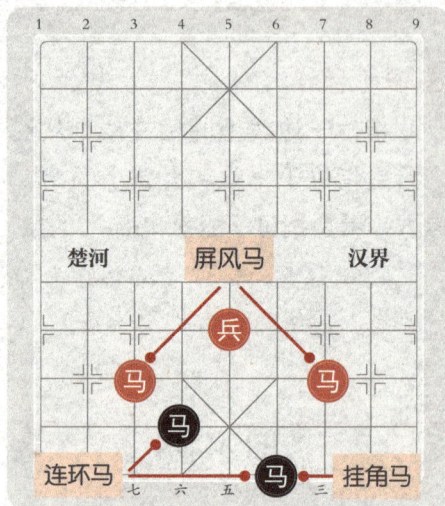

马的术语示意图（二）

车的术语

边车

指位于棋盘边线上的车。

肋车

指位于两条肋道上的车：从红方来看，是指位于四路和六路的车；从黑方来看，是位于4路和6路的车。

沉底车

指一方的车移动到对方的底线上。

在右图中：红方位于九路的车为边车，位于四路的车为肋车；黑方的车为沉底车。

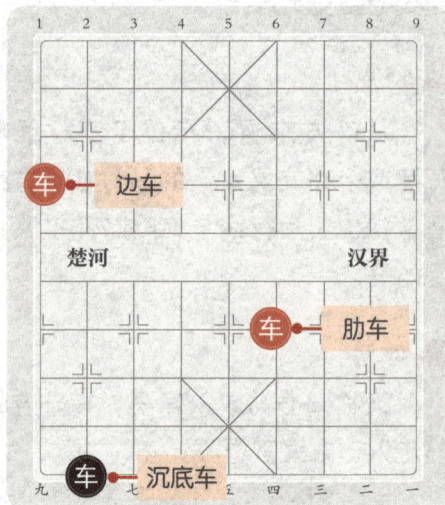

车的术语示意图

炮的术语

边炮

指位于边线上的炮。

沉底炮

指移动至对方底线上的炮。

空头炮

指己方的炮与对方的将（帅）位于同一横线或竖线上，且炮与将（帅）中间无任何棋子。

在右图中：红方位于一路的炮为边炮，位于八路的炮为沉底炮；黑方位于5路的炮为空头炮。

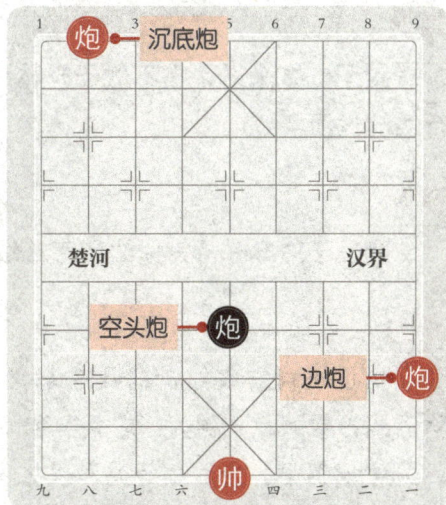

炮的术语示意图（一）

担子炮

两炮中间有一颗棋子，使两炮相互保护。

重炮

两炮前后排列攻击对方的将（帅）。

在右图中，红方的双炮为担子炮，黑方的双炮为重炮。

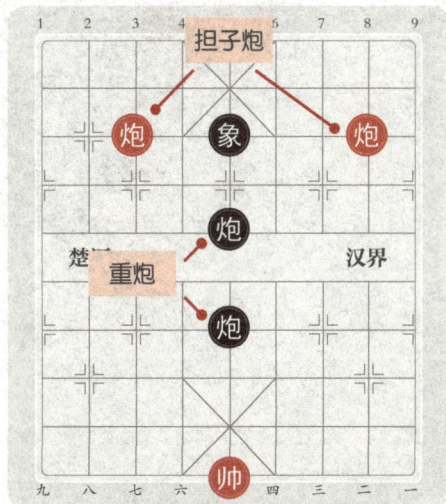

炮的术语示意图（二）

兵（卒）的术语

高兵

对于红方来讲，指不低于卒林线的过河兵；对于黑方来讲，指不低于兵行线的过河卒。

低兵

指位于对方阵营宫顶线和底二线的兵或卒。

底兵

指位于对方底线上的兵或卒，因其步入底线后只可选择向左或向右横移，战力减弱，又称为"老兵"和"弱兵"。

在下图中，当红方的兵和黑方的卒过河后，因其位于不同横线上，便有高兵、低兵和底兵的区分。

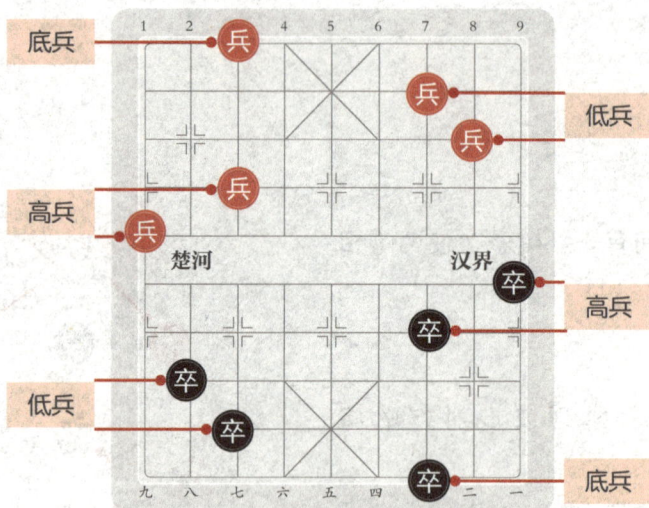

兵（卒）的术语示意图

第二章

棋子的走法和吃法

帅（将）的走法和吃法

　　帅和将在象棋中地位相当，都是对垒双方的最高指挥官，因此，帅和将的走棋方式和吃棋方式相同。

帅（将）的走法

　　有关帅和将的走法，需要了解它们的活动范围、行走的步法以及走棋的特殊规定这三点。

- - →📍 代表可移动方向和可到达交叉点
- - →📍 代表不可移动方向和不可到达交叉点

活动范围

　　帅（将）的活动范围限定在九宫之内，它们不可走出九宫。在右图中，帅此时只可上移、下移和左移，不可右移。

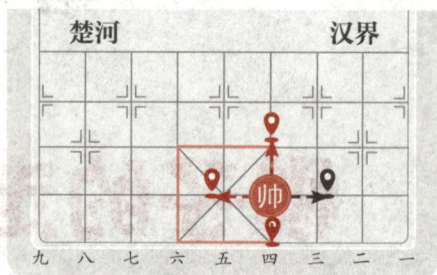

帅的活动范围示意图

行走的步法

　　帅（将）沿着九宫的横线和竖线前进、后退和横走，且帅（将）每次只能移动一格。在右图中：帅在起点位置时，可向上、向左、向右移动一格；帅在九宫中心时，可向向上、向下、向左、向右移动一格。

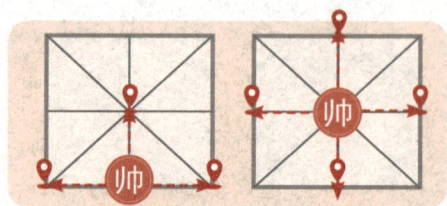

帅的正确行走步法示意图

　　帅（将）每次只能移动一格，且不可斜向移动。在右图中：帅在起点位置时，不可一次移动两格至宫顶线上；帅在九宫中心时，不可沿斜线移动至四角。

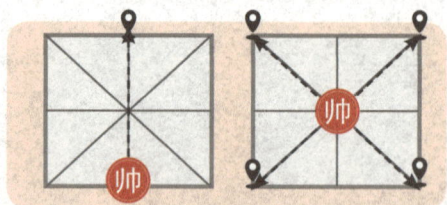

帅的错误行走步法示意图

走棋的特殊规定

在象棋对弈时，当帅与将中间无棋子时，不可位于同一竖线上。 在下图中，将位于4路，帅位于五路，此时由红方走棋，帅可右移和上移，不可左移，如帅左移则红方输棋。

将与帅的特殊规定示意图

帅（将）的吃法

帅（将）只能在九宫内吃对方的棋子，它们的吃棋方式与走棋方式相同，**即沿九宫的横线和竖线移动一格吃子。**

在右图中，帅向左移动一格可吃黑方的炮，向右移动一格可吃黑方的马，向下移动一格可吃黑方的卒。

在右图中，棋盘上的三颗黑棋都是安全的。一是，帅不可移动到九宫外吃黑方的炮；二是，帅不可移动两格吃黑方的马；三是，帅不可斜向移动吃黑方的卒。

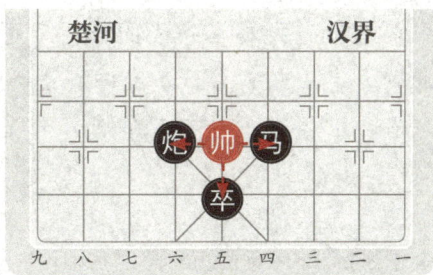

帅的正确吃棋示意图

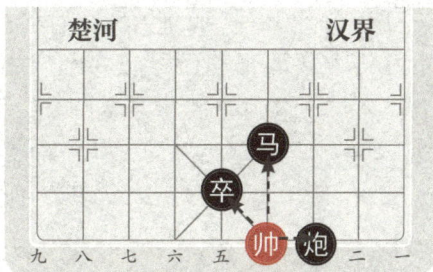

帅的错误吃棋示意图

仕（士）的走法和吃法

　　象棋中仕和士地位相当，都是最高指挥官身边的贴身侍卫，因此，仕和士的走棋方式和吃棋方式相同。

仕（士）的走法

　　我们需了解仕（士）的活动范围和行走的步法。

活动范围

　　仕（士）只可在自家阵营的九宫内活动。 在右图中，红色方框所示区域为仕的活动范围。

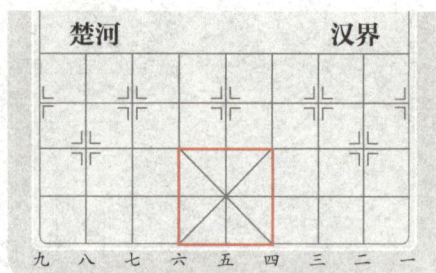

仕的活动范围示意图

行走的步法

　　仕（士）只许沿着九宫内的斜线移动，且每次只可移动一格。 在右图中：位于底线和官顶线的仕，只可移动到九宫中心；位于九宫中心的仕，可沿斜线移动至九宫四角。

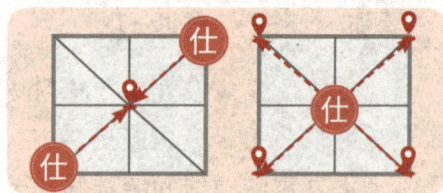

仕的正确行走步法示意图

　　在右图中：仕在九宫的四个角上时，不可沿斜线一次移动两格，也不可沿九宫外框移动；仕在九宫中心时，不可上移、下移和平移。

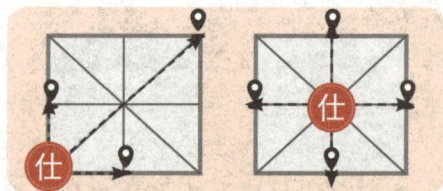

仕的错误行走步法示意图

仕（士）的吃法

仕（士）的吃棋方式与走棋方式相同，即**只可沿斜线移动一格吃对方的棋子**，当对方的棋子在九宫外，或不在斜线上，或相距两格时，仕（士）都不可吃对方的棋子。

在右图中，仕在起点位置时，可沿斜线上移一格吃黑方的卒。

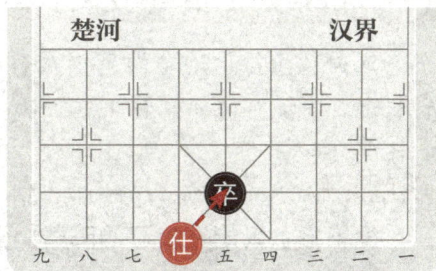

仕的正确吃棋示意图（一）

在右图中，仕在九宫中心时，可沿斜线向四角移动，吃黑方的马和炮。

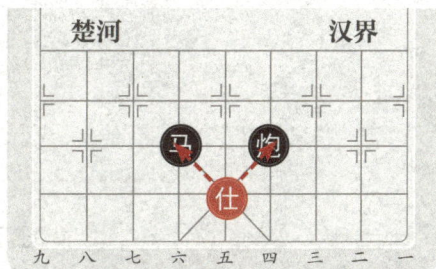

仕的正确吃棋示意图（二）

在右图中，仕在起点位置时，不可沿斜线移动两格吃黑方的炮，也不可走出九宫吃黑方的马。

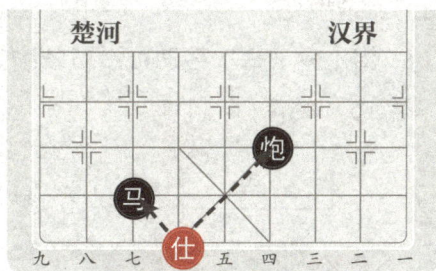

仕的错误吃棋示意图（一）

在右图中，仕在九宫中心时，不可沿横线和竖线移动一格，吃黑方的马和炮。

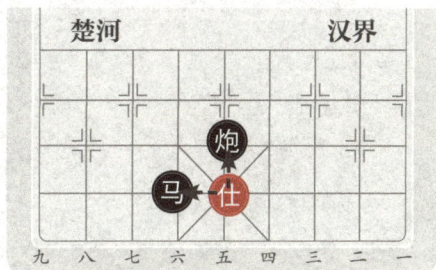

仕的错误吃棋示意图（二）

相（象）的走法和吃法

相和象是九宫外第一颗棋子，在象棋中它们的地位相当，其走棋方式和吃棋方式也相同。

相（象）的走法

依据相（象）的活动范围及行走的步法来看，**相（象）可移动的交叉点为七个**，下面分别介绍相（象）的活动范围和行走的步法。

活动范围

相（象）只能在自己的阵营内活动，不能越过河界踏入对方的领地。

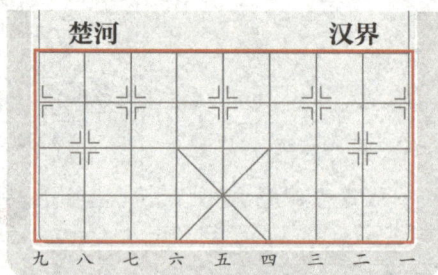

相的活动范围示意图

行走的步法

相（象）每次移动可沿对角线方向移动两格，即走"田"字。

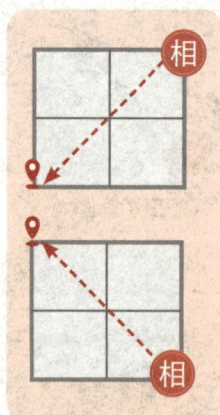

相的行走步法示意图

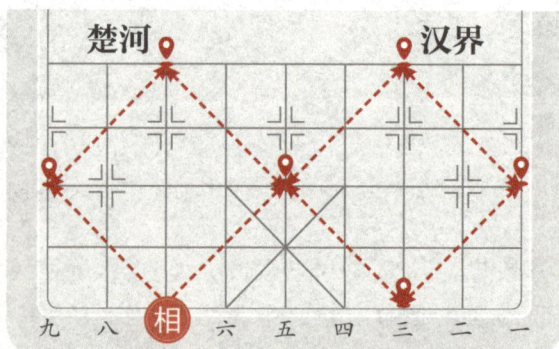

相可移动的七个交叉点示意图

当相（象）行走的对角线中心有任意一颗棋子时，即"田"字中心有任意一颗棋子时，相（象）便不可移动到"田"字对角处，俗称"塞相（象）眼"。

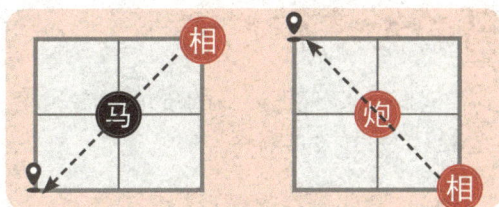

塞相眼示意图

综上所述：当相位于右图所示的交叉点时，相只能后退回到九路；不可越过河界进入黑方的领地，也不可越过黑方的马，移至五路。

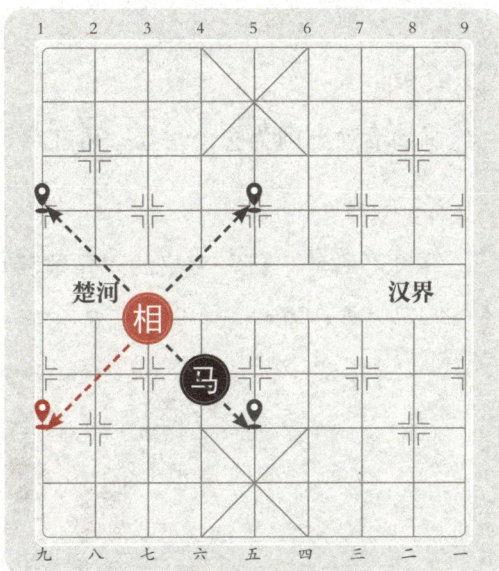

相的行走步法示意图

相（象）的吃法

相（象）的吃棋方式与走棋方式相同，**即在自己的阵营内，走"田"字吃棋，当"田"字中心有任意棋子时，便不可越过该棋子吃对方棋子。**

在右图中：位于三路的相可吃对方的炮和车；位于七路的相被马塞了相眼，因此不能吃对方的卒和炮，也不可越过河界吃对方的卒。

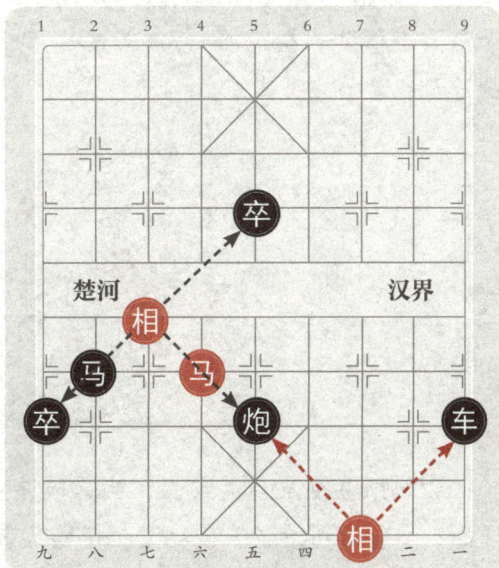

相的吃棋方式示意图

23

马的走法和吃法

依据经验判断，马的价值排名为第三，为了更合理地运用马，我们先来学习马的走法和吃法。

马的走法

关于马的走法，我们要学习它的活动范围和行走的步法。

活动范围

马的活动范围为整个棋盘，可在自己的阵营行走，也可越过河界行走。

行走的步法

马只可沿着"日"字格的对角线移动，俗称马走"日"字。在下图中，马可纵向斜走两格，也可横向斜走两格。

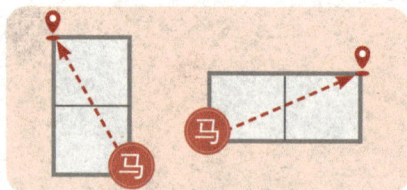

马的行走步法示意图

依据马的行走步法来看，**马每次最多可向八个交叉点移动，最少可向两个交叉点移动**。在下图中，位于一路的马可移动的交叉点有两个，位于七路的马可移动的交叉点有八个。

马可移动的交叉点示意图

以马所在交叉点为参考，当紧挨该交叉点的横向或纵向交叉点有任意棋子时，马便不可沿该方向移动，俗称"蹩马腿"。

在下图中：红方的马左右交叉点有其他棋子，红方的马不可横向斜走两格；黑方的马前后交叉点有其他棋子，黑方的马不可纵向斜走两格。

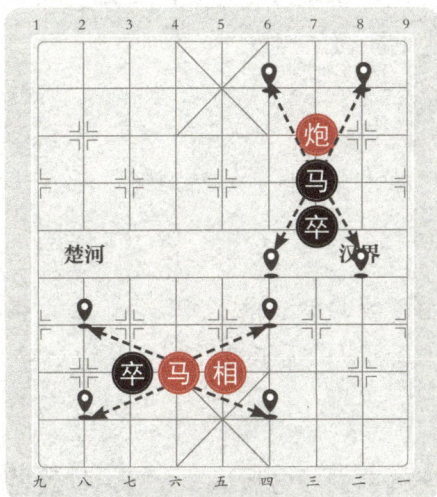

蹩马腿示意图

马的吃法

马的吃棋方式与走棋方式相同，即沿"日"字的对角线吃棋，当马的左右或前后有其他棋子时，便不可越过该棋子吃棋。

在下图中：红方的马只可吃黑方的象和炮，不可吃黑方的车和卒；黑方的马只可吃红方的马和仕，不可吃红方的炮和车。

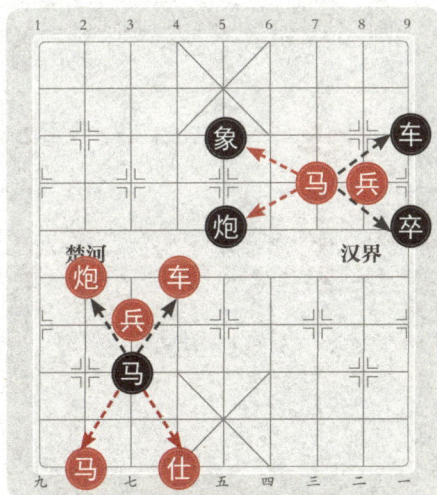

马的吃棋方式示意图

车的走法和吃法

依据经验判断，车是象棋中威力最强的棋子，因为在没有棋子阻挡的情况下，车最多可控制十七个交叉点。

车的走法

我们先了解车的活动范围，再学习车如何行走。

活动范围

车的活动范围为整个棋盘的九十个交叉点，在无棋子阻挡的情况下，车可从一路移动至九路，也可从自己阵营的底线移动至对方阵营的底线。

行走的步法

车每次行走可沿竖线前进或者后退，也可沿横线左移或右移，每次移动并不限制格数。

在下图中，车可水平移动到横线上其他八个交叉点的任意一点上，垂直移动到竖线上其他九个交叉点的任意一点上，总共十七个交叉点。

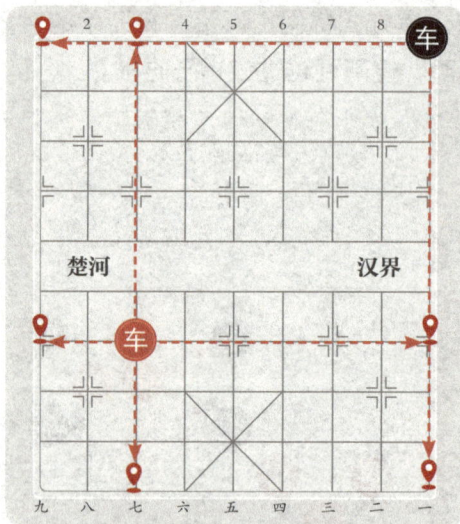

车的行走步法示意图（一）

当车的行走方向有其他棋子阻挡时，不可越过该棋子行走。

在右图中：红方的车向右最多移动至四路，因为三路有己方的棋子阻挡；黑方的车向前最多可移到兵行线，取代（吃掉）红方的兵占领交叉点。

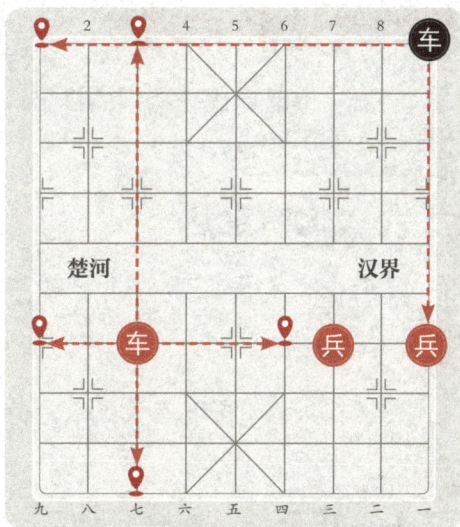

车的行走步法示意图（二）

车的吃法

在无棋子阻拦的情况下，车可沿横线或者竖线吃掉对方的一颗棋子。

在右图中：黑方的车可沿横线或者竖线吃掉红方的一颗棋子；红方的车只可沿竖线吃掉黑方的卒，不可沿竖线同时吃掉黑方的卒和象，也不可越过卒吃掉象，同理不可越过兵吃黑方的炮。

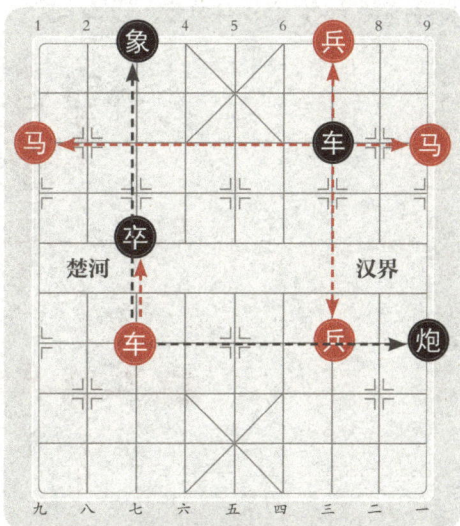

车的吃棋方式示意图

炮的走法和吃法

在象棋中炮是比较特别的棋子，其他棋子的走法与其吃法相同，而炮的走法与其吃法是不一样的。

炮的走法

炮的走法与车相同，我们回顾知识，加强记忆。

活动范围

炮可在棋盘中任意交叉点活动，它的活动范围是整个棋盘。

行走的步法

炮在无棋子阻拦的情况下，可沿横线或竖线移动，每次移动不限制格数。

在下图中：黑方的炮沿横线移动最远可到边线，沿竖线移动最远可到底线；红方的炮因水平方向和垂直方向都有棋子阻拦，行走时最远只能在其他棋子之前的交叉点落棋。

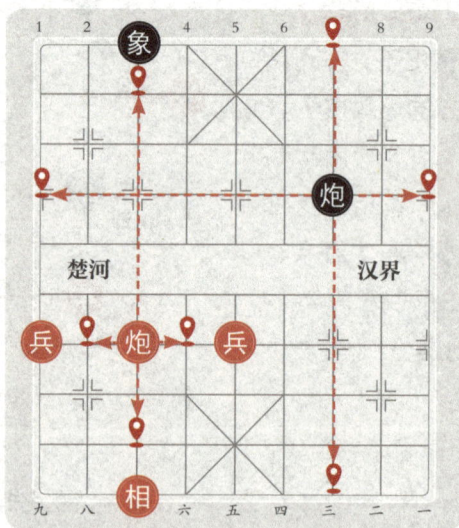

炮的行走步法示意图

炮的吃法

炮在吃对方棋子时，必须隔一颗棋子，这颗棋子称为炮架（也称炮台），作为炮架的棋子可以是任意棋子。

在右图中：红方的炮可吃黑方的马和象；而黑方的炮不能吃棋，它不可在中间无棋子的情况下直接吃红方的马，也不可隔一颗以上的棋子吃红方的相。

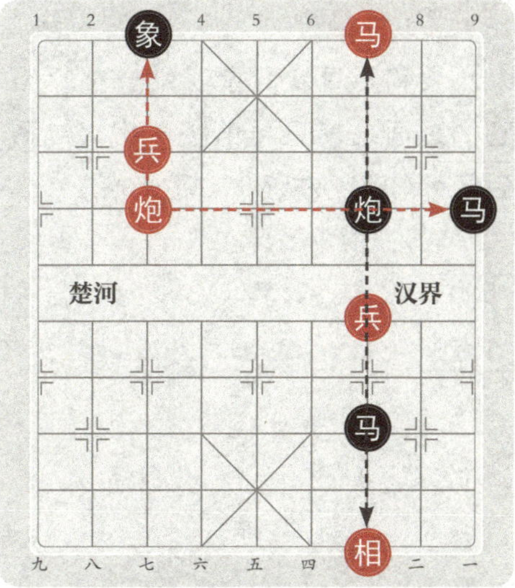

炮的吃棋方式示意图

兵（卒）的走法和吃法

兵和卒的走法和吃法分过河前与过河后两种情况，且兵和卒不可后退，接下来学习兵和卒的走法与吃法。

兵（卒）的走法

兵和卒在象棋中地位相当，它们的走法也相同。

活动范围

兵和卒在未过河前只可前移，过河后便可在对方阵营前移、左移、右移。因此，兵和卒的活动范围是该棋子前方河界上的一个交叉点加对方阵营。

在右图中：一路的兵活动范围为红色方框；1路的卒活动范围为黑色方框。

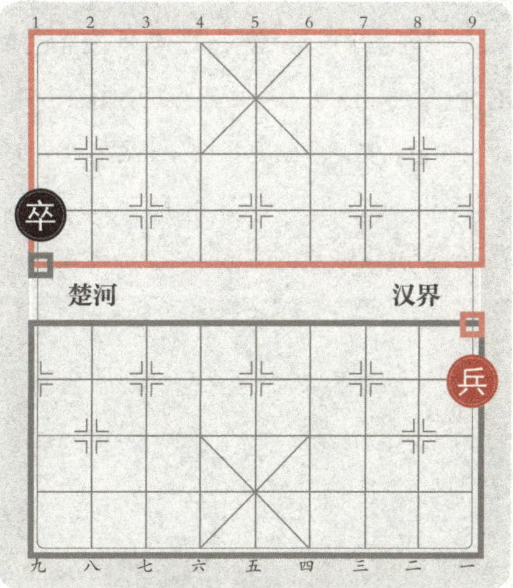

兵（卒）的活动范围示意图

行走的步法

兵和卒每次只能移动一格，当它们过河之前只可前移一格，过河后便可前移、左移、右移一格。

在右图中，兵在自己阵营时只可前移一格，到黑方阵营后，便可向前、向左、向右移动一格。

兵的行走步法示意图

兵（卒）的吃法

兵（卒）的吃棋方式与走棋方式相同，当兵（卒）可移动到的位置有对方棋子时，便可吃掉对方棋子。

在右图中：六路的兵可左移、右移或前移吃掉黑方的车、炮或士；而未过河的卒，只可前移吃红方的相，不可左右移吃红方的兵，更不可后退吃红方的车。

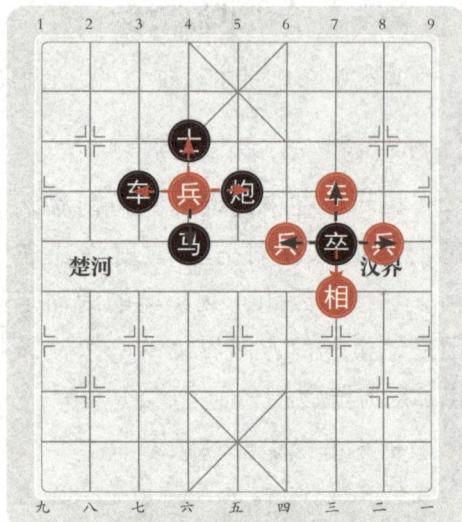

兵（卒）的吃棋方式示意图

行棋的相关术语

在象棋的相关书籍中，会用相关的术语去描写行棋，为了更加轻松地阅读相关书籍，我们需了解基础的行棋术语。

一着

在对局时，走棋的一方将一颗棋子从一个交叉点移动到另一个交叉点，或吃掉对方的棋子而占领交叉点，即为"一着"。

先手、后手

从走棋次序来讲，一盘棋先走棋的一方为先手，后走棋的一方为后手。注意，先手和后手还可用来形容棋局：先手指处于进攻状态，主动的一方；后手为被动的一方。

将、长将

凡走棋后，下一着可直接攻击对方的帅（将）者，称为"将"，又称为"将军""照将""叫将"。在下图中，当黑方将炮横移至中线后，黑方的炮便可直接攻击红方的帅，称之为"将军"。

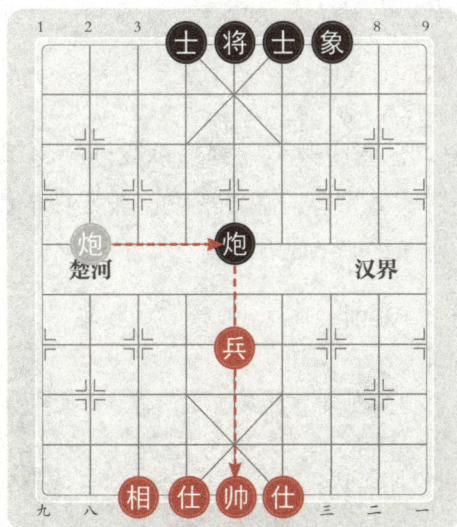

将军示意图

如一方走棋连续不断地将军，又无法将死对方，称为"长将"。

应将

被将军的一方采取某种走棋方法应对将军，称为"应将"或"解将"，意为应对，解除将军的局面。在下图中，面对黑方的炮将军时，红方把相移至图示交叉点，便是"应将"。

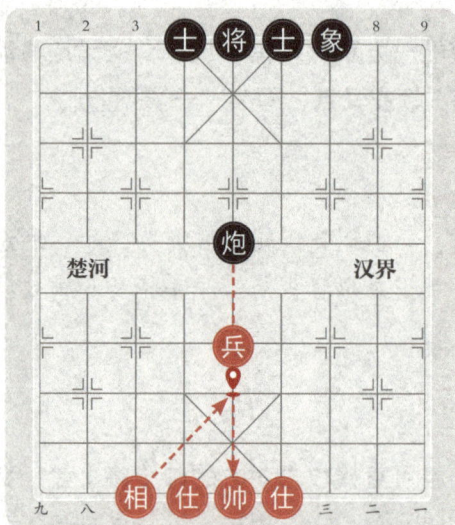

应将示意图

注意，如已方面对将军时，无法应将，或不应将，即为被"将死"。

杀、长杀

走棋方移动一子，企图通过下一着将军或连续将军而将死对方，称为"杀"，又称"叫杀""做杀"。在下图中，黑方将车前移两格，企图下一着用马来将死红方，黑方移动车的着法就是"杀"。

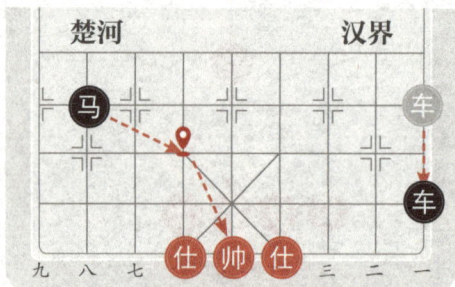

杀示意图

如一方连续不停地叫杀，准备下一着将死对方，称为"长杀"。

捉、长捉

走棋方移动棋子后，能够造成在下一着吃掉对方某颗不被保护的棋子，称为"捉"。

在右图中，红方移动马后，在下一着可用马吃掉黑方的炮，或移开炮，下一着让相吃掉黑方的马，红方的着法称为"捉"。

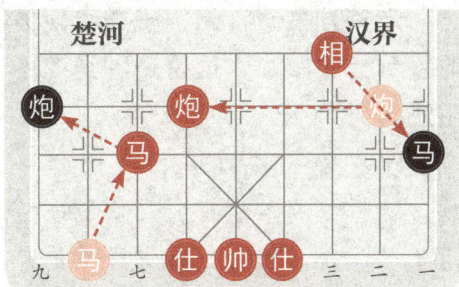

捉示意图

注意，运用下一着将军或连续将军而吃子的着法，也称为"捉"。

在右图中，黑方移动马，通过下一着将军来吃红方的炮，黑方走马的着法也是捉。

如一方连续捉另一方没有保护的棋子，称为"长捉"。

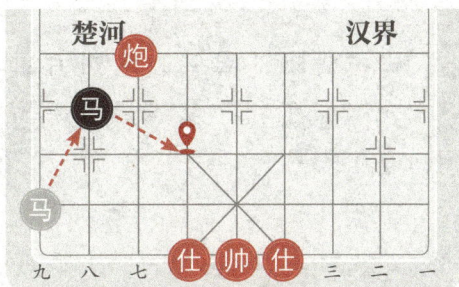

捉示意图

兑、长兑

走棋方移动棋子之后，让对方相同的棋子吃掉该子，接着再用其他棋子反吃，进行等价交换，称为"兑"。

在右图中，红方移动马之后，黑方可用马吃掉它，红方再用炮将黑方的马吃掉，最终红方和黑方各损失一马。红方的着法称为"兑"。

如走棋方连续不停邀兑，且邀兑次数达三次，称为"长兑"。

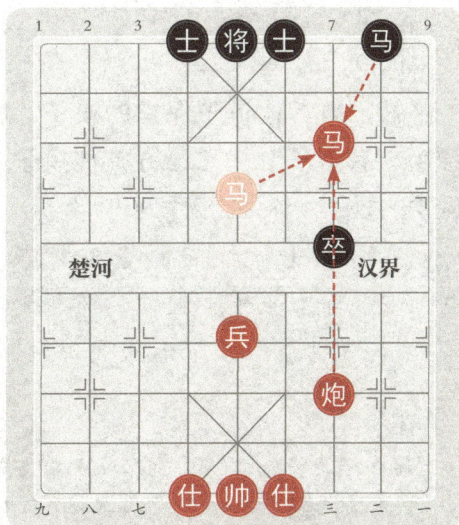

兑示意图

献

走棋方主动将无根子送给对方吃，称为"献"，这是一种送吃的着法。

在右图中，红方将兵上移一格，让黑方的车吃棋，且黑方吃棋后不受反击，那么，红方进兵的着法便是"献"。

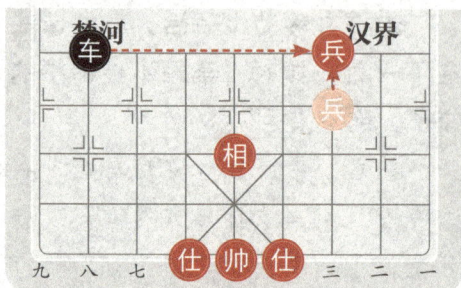

献示意图

拦

走棋方移动棋子阻拦对方棋子，所移动的棋子又不具攻击作用，称为"拦"。

在右图中，红方移动马，阻拦黑方的炮向前移，且红方的马移动后并无攻击作用，红方走马的着法称为"拦"。

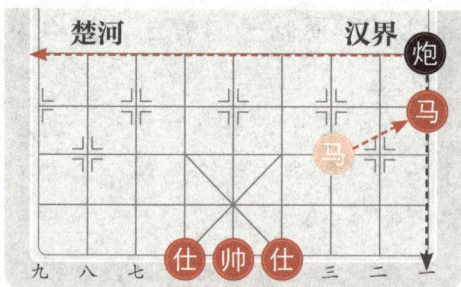

拦示意图

有根子、无根子

被己方其他棋子保护的棋子，称为"有根子"；无己方其他棋子保护的棋子，称为"无根子"。

在右图中：红方的炮被相保护，它属于有根子；红方的马并无己方棋子保护，它属于无根子。

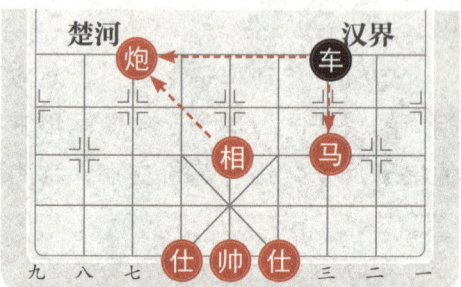

有根子、无根子示意图

> **提示**
>
> 上述介绍的将、杀、捉，都属于攻击着法，统称为"打"；凡是不属于打的着法统称"闲"。

第三章

象棋的规则

记录棋谱

在正规的象棋比赛中，一般都要求棋手认真记录对局双方的每一着棋，而平常下棋基本都不要求做记录。

记录棋谱的原因

记录棋谱原因有二：一是，在正规的赛事中，棋手必须做记录；二是，一些棋谱和象棋书籍采用记录棋谱方式编写，在不懂象棋记录方式时，便很难看懂这类书籍，也就无法汲取前辈的经验。

记谱的方法

象棋每一着棋一般用四个字记录，例如，红方的"车一进二"，黑方则是"车1进2"。

我们先来了解这四个字的含义，以"车一进二"为例。

"车"表示所移动的棋子名称。

"一"是指棋子移动前所在的竖线序号。红方竖线序号为一至九，黑方竖线序号为1至9。

"进"是指棋子移动方向。记谱时表示移动方向的字有进、退、平。"进"表示向对方阵营前移，"退"表示向己方阵营后移，"平"表示在同一横线上左右移动。

"二"表示前移或后移的格数。注意，如果横向移动，"二"则表示到达的竖线序号。

综上所述，"车一进二"是指红方一路上的车向前移动两格，"车1进2"则为黑方1路上的车向前移动两格，如下图所示。

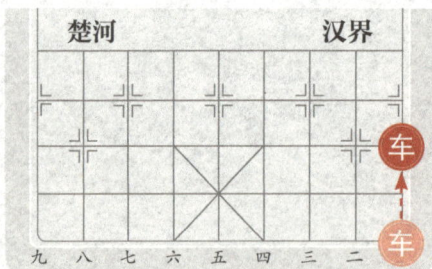

车一进二示意图

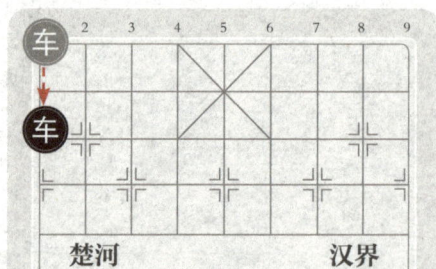

车1进2示意图

注意，在象棋中"马""相（象）""仕（士）"每次移动都斜走，因此，表示它们移动方向的只有进和退，而表示到达位置的是竖线序号，如下图所示。

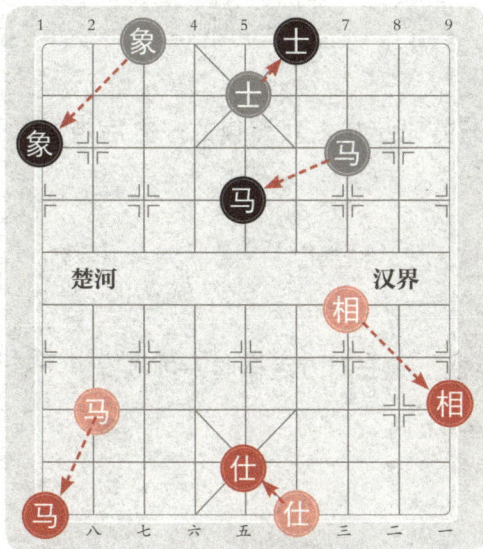

棋子	红方	黑方
马	马八退九	马7进5
相（象）	相三退一	象3进1
仕（士）	仕四进五	士5退6

棋谱记录

斜走棋子记谱示意图

注意，当同一竖线上，一方有两颗及以上名称相同的棋子时，要用"前"或"后"来加以区别。在下图中，红方的车在同一竖线上，黑方的马在同一竖线上，移动它们时用"前车""后车""前马""后马"区分。

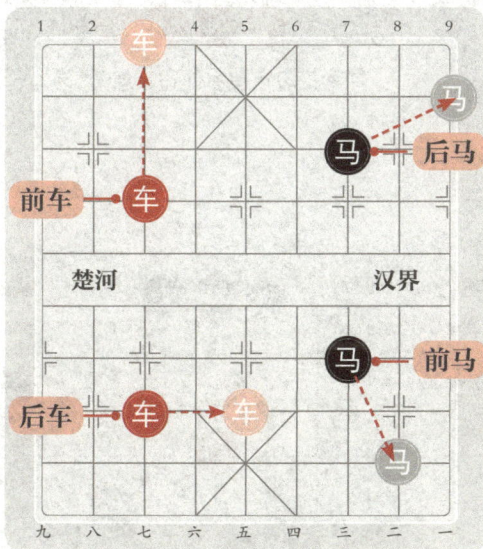

棋子	前	后
车	前车进三	后车平五
马	前马进8	后马退9

棋谱记录

同一竖线上相同棋子记谱示意图

行棋

棋规规定，对局双方交替行棋，当一方把另一方"将死"，则棋局结束。在行棋时，需了解走棋次序、摸子、落子、禁止着法。

走棋次序

在象棋的对局中，由执红棋的一方先走棋，执黑棋的一方后走棋，双方轮流各走一着，直至分出胜负或和。注意，红方和黑方各走一着为一个回合。

摸子

在对局中，轮到自己走棋时才能摸子，在对方走棋时不可触摸棋子。关于触摸棋子的规则，需了解以下三种。

触摸己方棋子

在对局中，触摸了己方棋子，则需走该棋子，除非按照棋子走法，被触摸的棋子无法走棋，己方才可走其他棋子。在右图中，红方触摸了一路的相，该相本可前进或后退至三路，但前进路线被马塞住了相眼，后退路线的交叉点有己方的车，因而无法走棋，这种情况下，红方可走其他棋子。

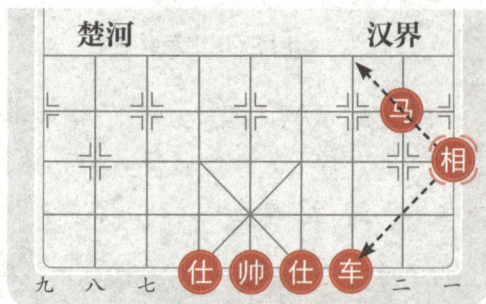

触摸己方棋子处理示意图

触摸对方棋子

在对局中，触摸了对方棋子，则必须吃掉该棋子，除非己方所有棋子都无法吃子，才可另行走棋。在右图中，红方触摸了黑方的炮，此时红方的马可以吃子，就必须用马吃子，就算下一着黑方可用象反吃，红方也不可悔棋。

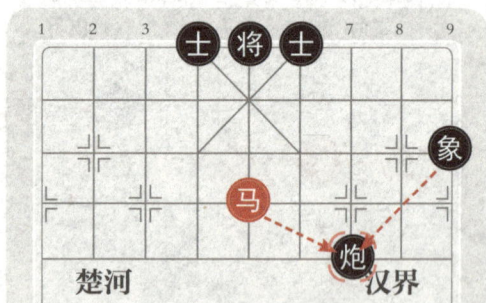

触摸对方棋子处理示意图

触摸双方棋子

在对局中，走棋方先后或者同时触摸了双方棋子，则必须用被触摸的己方棋子，去吃被触摸的对方棋子。在下图中，红方触摸了己方的车和对方的马，则必须用己方的车吃对方的马，就算黑方可用卒反吃，红方也不可悔棋。

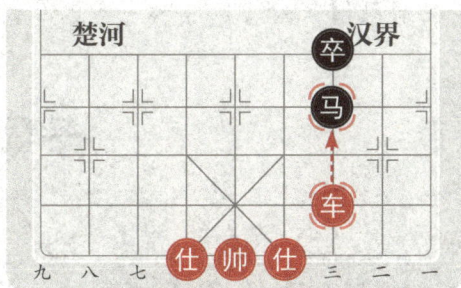

触摸双方棋子处理示意图

如触摸了双方棋子，己方棋子无法吃对方棋子，则依据摸子的前后顺序，给出不同的处理方法。

● 先触摸己方棋子，后触摸对方棋子，且前者无法吃后者。

1. 移动被触摸的己方棋子。
2. 被触摸的己方棋子无法移动，则换其他棋子吃被触摸的对方棋子。
3. 以上处理方法均无法实行，则另行他棋。

在下图中，红方先后触摸了己方的炮和对方的卒，因炮与卒中间隔了两颗棋子，而无法吃子。

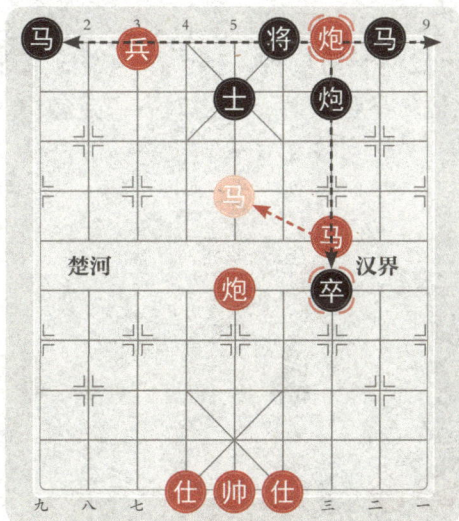

1. 移动炮：横向和纵向相邻交叉点都有棋子而无法移动，也无法通过隔子吃子来移动。

2. 吃卒：己方无棋子可以吃掉对方的卒。

3. 另行走棋，比如移开马。

先后触摸己方和对方棋子处理示意图

● 先触摸对方棋子，后触摸己方棋子，且后者无法吃前者。

1. 换其他棋子吃被触摸的对方棋子。

2. 如己方棋子都不能吃子，则移动被触摸的己方棋子。

3. 以上处理方法均无法实行，则另行他棋。

在下图中，黑方先后触摸了对方的相和己方的马，因黑方的马为蹩脚马，而无法吃相。

1. 换其他棋子吃相：己方的炮可以吃子，其他棋子不能，必须用炮吃相。

2. 就算炮吃相后，对方既可用马反吃，又可用兵吃己方的马，己方也不可另行走棋。

提示

如无法区分触摸棋子的先后顺序，则按照先触摸对方棋子处理。

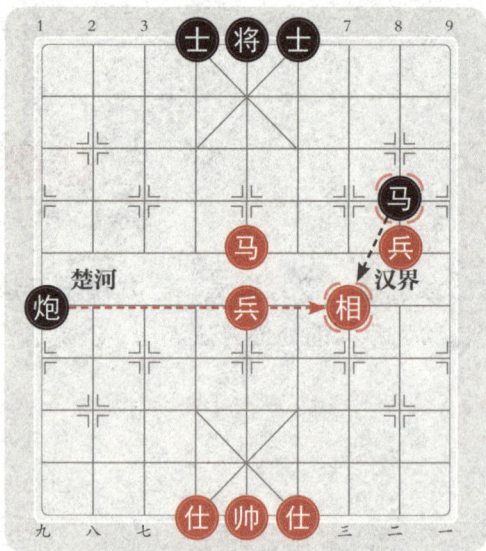

先后触摸对方和己方棋子处理示意图

落子

在对局中，落子需注意两点。一是落子的位置，棋子必须落在交叉点上，如棋子落在两个交叉点之间，无法辨认位置时，则由对方指定其中一点为落子点。在下图中，红方移动车后，无法辨认车落点在二路还是三路，此时黑方可指定车落在三路。

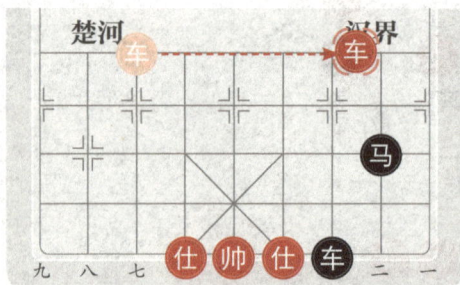

落子示意图

二是落子后不可悔棋，只要该棋子符合行棋规定，便不可改动，如属于**失手落子，则不算落子**。在下图中，黑方的马照将，红方把车下移三格，用蹩马腿来应将，红方落子后便不可悔棋，就算下一着黑方可将其吃掉，红方也不可悔棋。

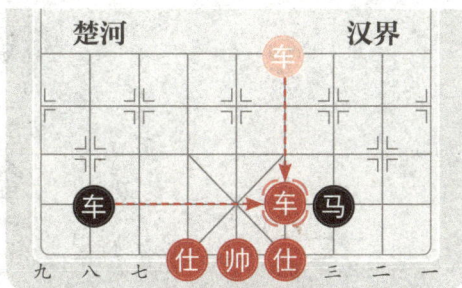

落子示意图

禁止着法

在对局中，往往会出现一些反复的着法，其中一些着法是禁止着法。

上一章介绍过，将、杀、捉等攻击着法统称为"打"，同一着法循环三次为"长打"。棋规规定，除将（帅）、卒（兵）之外，任何棋子都不允许"长打"。**长将、长杀、长捉、一将一杀、一将一捉、一杀一捉等反复的攻击性着法，都是禁止着法。**

长将

一方连续不停地将军，既不能将死对方，又不愿改变着法。在下图中，黑方先走棋，红方后走棋，黑方反复地前后移动一格将军，黑方着法为长将，是禁止着法。

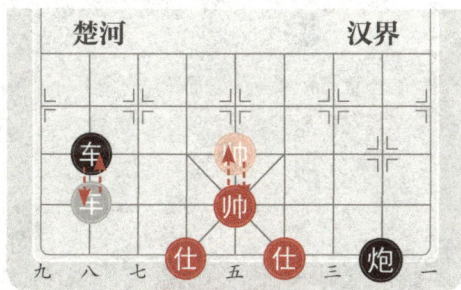

长将示意图

回合	黑方	红方
1	车2进1	帅五进一
2	车2退1	帅五退一
3	车2进1	帅五进一

棋谱记录

长杀

一方连续不停地做杀，企图下一着将死对方，既不能将死对方，又不愿改变着法。在下图中，黑方先走棋，红方后走棋，黑方反复横移车，企图下一着走到红方阵营的底线上将军，黑方着法为长杀，是禁止着法。

回合	黑方	红方
1	车6平9	炮四平一
2	车9平7	炮一平三
3	车7平9	炮三平一

棋谱记录

长杀示意图

长捉

一方连续走子不停地捉对方的无根子，既不能吃子，又不愿改变着法。在下图中，红方先走棋，黑方后走棋，红方反复捉黑方的马，既不能吃子，又不愿改变着法，红方的着法为长捉，是禁止着法。

回合	红方	黑方
1	车九平七	马3退1
2	车七平九	马1进3
3	车九平七	马3退1

棋谱记录

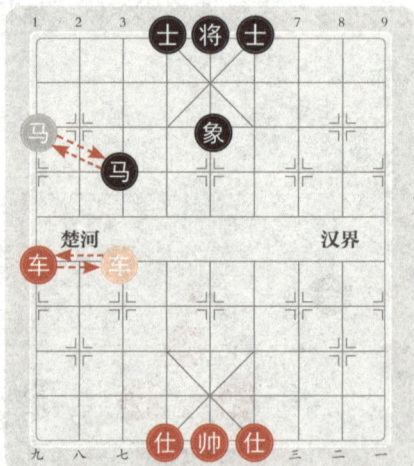

长捉示意图

一将一杀

一方走子循环交替地将军和做杀，既不能将死对方，又不愿改变着法。在下图中，红方先走棋，黑方后走棋，红方的马反复地前进和后退，循环交替地将军和做杀，便是禁止着法。

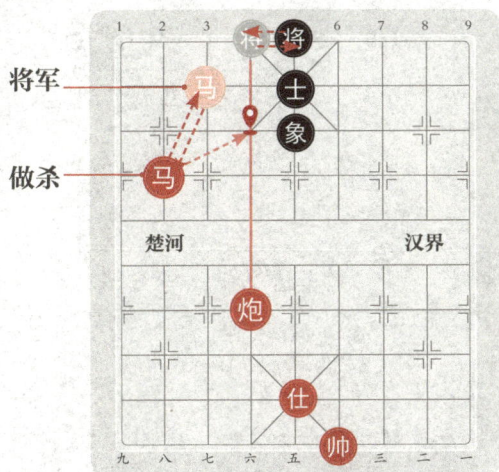

一将一杀示意图

回合	红方	黑方
1	马八进七	将5平4
2	马七退八	将4平5
3	马八进七	将5平4

棋谱记录

提示

红方先用马将军，把黑方的将逼至4路，马再原路返回做杀，企图下一着把马移至红色定位点，用马和炮将死对方。

一将一捉

一方走子反复地将军和捉，既不能将死对方，又不愿改变着法。在下图中，红方先走棋，黑方后走棋，红方的车反复地在七路前进和后退，不停地将军与捉对方的马，便是禁止着法。

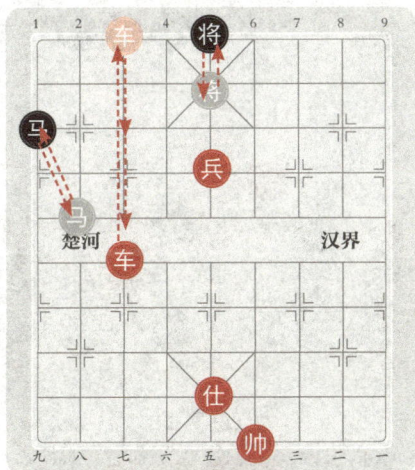

一将一捉示意图

回合	红方	黑方
1	车七进五	将5进1
2	车七退二	马1进2
3	车七进一	将5退1
4	车七退三	马2退1
5	车七进四	将5进1

棋谱记录

一杀一捉

一方走子反复地做杀和捉，既不能将死对方，又不愿改变着法。在下图中，红方先走棋，黑方后走棋，红方的车反复地平移，交替地做杀和捉对方的马，红方的着法为禁止着法。

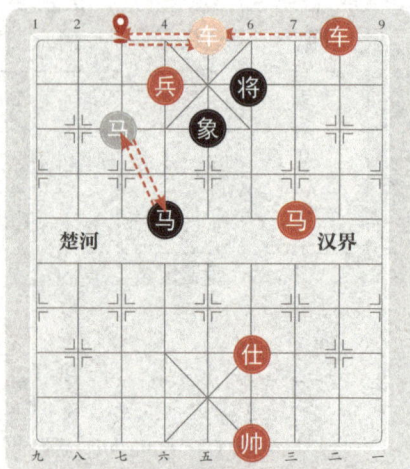

一杀一捉示意图

回合	红方	黑方
1	车二平五	马4退3
2	车五平七	马3进4
3	车七平五	马4退3
4	车五平七	马3进4

棋谱记录

提示

红方把车平移至五路，企图下一着把兵右移一格将死对方；黑方把马退回至3路，便可解除将军局面。

将军与应将

棋规规定，当一方将军时，另一方必须马上应将，应将的方法有四种，下面做详细介绍。

吃子

吃子应将是指吃掉对方将军的棋子，以解除将军的局面。在右图中，黑方双炮将军，红方应将只能用己方的马吃掉对方后面的炮，才能解除将军局面，这种应将方法为吃子应将。

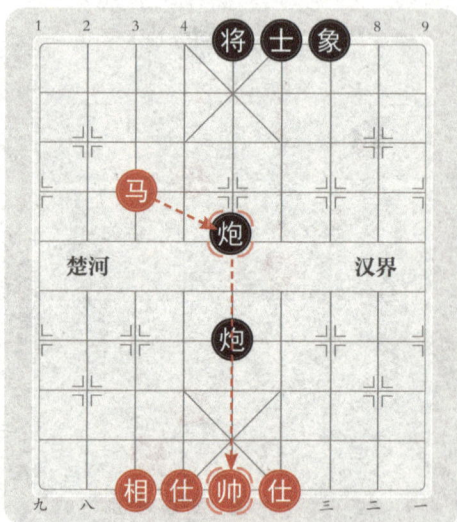

吃子应将示意图

垫将

垫将是指用棋子挡住对方将军的棋子。在右图中，红方的车将军，如黑方走"马3退4"便是垫将。

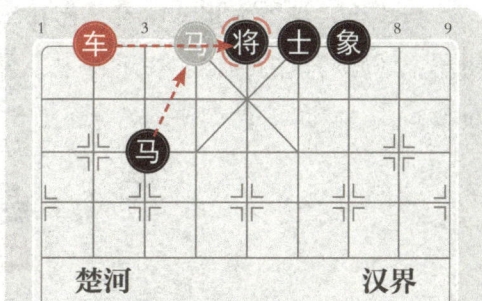

垫将应将示意图（一）

注意，当对方用马将军时，己方可用蹩马腿来应将。在右图中，红方的马将军，如黑方走"炮8平4"便可蹩马腿，也就破解了红方将军的局面。

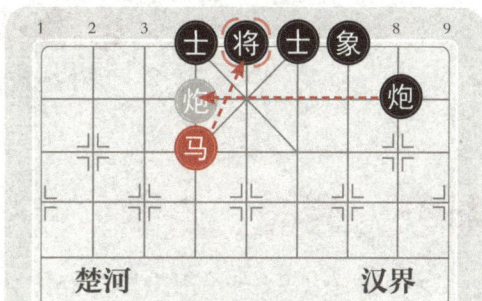

垫将应将示意图（二）

避将

避将，指对方将军时，移动帅（将）使其避开将军的棋子。在右图中，红方的车将军，黑方的将上移一格，避开红方的车。

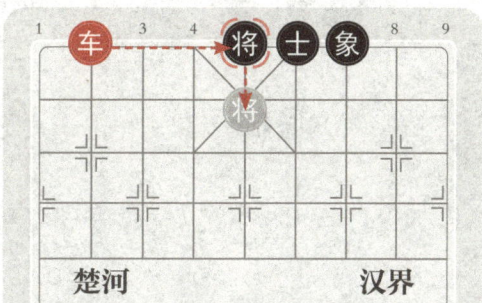

避将应将示意图

45

拆炮台

拆炮台是指对方用炮将军，而作为炮台的棋子为己方棋子，便可移动该棋子，解除将军的局面。在下图中，黑方的炮将军，红方的马为炮台，红方将马移开，这便是拆炮台。

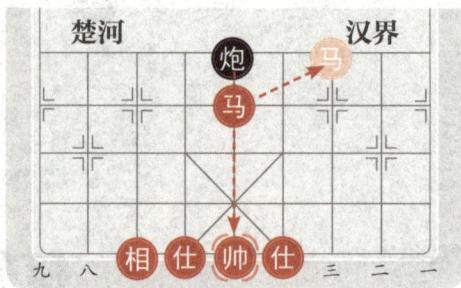

拆炮台应将示意图

将死、困毙、自杀

将死、困毙、自杀都是棋局分出胜负的局面，以下做详细介绍。

将死

面对将军时，己方无法应将，即被"将死"。在下图中，红方面对将军时，四种应将方法都无法实行，因此，红方被黑方将死。

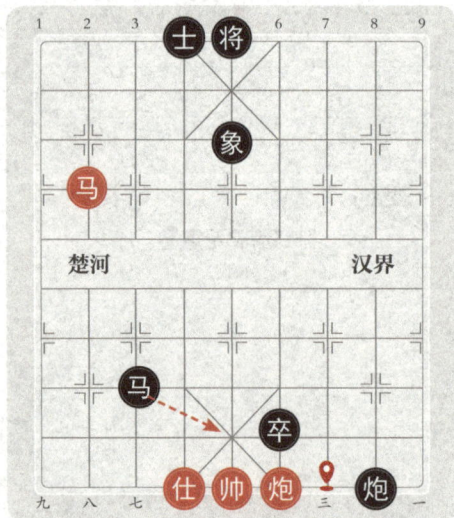

将死示意图

提示

吃子：红方棋子都无法吃黑方的炮。

垫将：红方棋子都无法在下一着移动到三路定位点上。

避将：红方把帅上移一格，下一着黑方的马可直接吃帅。

拆炮台：红方的炮为黑方的炮台，其上移线路被卒阻拦，右移依旧为炮台。

综上所述，此时红方无法应将。

困毙

走棋方虽未面对将军，但已无子可走，即被"困毙"。在下图中，轮到红方走棋，红方棋子要么被困在原地无法移动，要么移动后帅就会被吃，因此，红方无子可走。

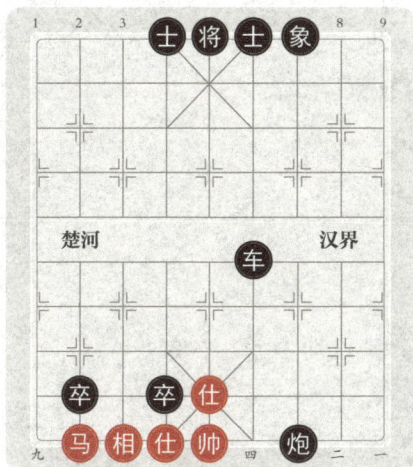

困毙示意图

提示

1. 红方的马和相由于"蹩马腿"与"塞相眼"无法移动。

2. 红方底线上的仕无法移动，九宫中心的仕移动后，帅与将直接面对面，违反棋规。

3. 红方的帅右移，黑方可用车吃棋。

综上所述，红方无子可走，处于"困毙"局面。

自杀

一方走棋后，形成将与帅面对面的局势；或者一方走棋后，对方可以直接吃掉己方的帅（将），以上情况都属于"自杀"。在下图中，红方面对将军时，如采取避将和吃子的方法来应将，都属于"自杀"。

自杀示意图

提示

避将：把帅右移一格应将，就会造成帅与将面对面。棋规规定，当将与帅中间无棋子间隔时，不可位于同一条直线上。因此，把帅右移一格属于"自杀"行为。

吃子：用仕吃掉黑方的马，黑方就可以用车吃掉帅，也属于"自杀"行为。

象棋的胜负与和棋

在象棋对局中，有胜负与和棋两种结果，下面详细列举胜负局势与和棋局势的各种情况。

胜负

在对局中，出现以下情况之一，己方为负，对方为胜。

1. 己方被对方"将死"，即己方面对将军无法应将。

2. 己方走棋后，形成"自杀"的局势。

3. 己方无子可走，即被"困毙"。

4. 己方对对方"长将"。

5. 己方提出认输请求。

6. 己方走棋为禁止着法，对方为允许着法，反复三次，己方应改变着法却不变。

7. 违反比赛规则。

和棋

1. 双方均无可能取胜的简单局势。

2. 一方提议作和，另一方表示同意。

3. 双方均为允许着法，且走棋出现三次循环，双方不变作和。

4. 双方均为禁止着法，且走棋出现三次循环，双方不变作和。注意，禁止着法中不包括一方长将。

5. 符合自然限着的回合规定，即在连续60个回合中（也可根据比赛等级酌减），双方都没有吃过一颗棋子。

第四章

象棋的基本杀法

小编提示

从本章开始，需在棋盘上演示双方行棋步骤，因此，小编先对之后的图示内容做详细介绍，以便读者轻松阅读。

一、双方行棋路线以圆表示起点，箭头指向终点，起点的圆用红、黑两色区分，并加以数字标明各回合；而箭头与定位点的组合表示双方下一着预想行棋路线，详情见下图。

① ➡ 表示红方第1回合行棋路线　　① ➡ 表示黑方第1回合行棋路线

② ➡ 表示红方第2回合行棋路线　　② ➡ 表示黑方第2回合行棋路线

X ➡ 表示红方第X回合行棋路线　　X ➡ 表示黑方第X回合行棋路线

➡📍 表示下一着预想行棋路线

二、行棋示意图与棋谱记录相对应，为双方行棋步骤，如下图所示。行棋示意图中展示了双方前3回合的行棋步骤，以及双方下一着预想行棋路线，棋谱记录则为双方行棋的详情。

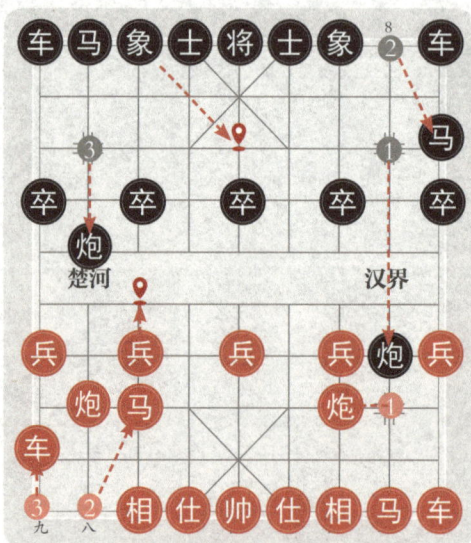

行棋示意图

回合	红方	黑方
1	炮二平三	炮8进4
2	马八进七	马8进9
3	车九进一	炮2进2

棋谱记录

对面笑

　　棋规规定，双方将、帅不能在棋盘的同一条直线上面对面，否则先占者得胜。在右图中，将与帅各占一路，将不可平移至6路，帅不可平移至五路，双方都可设法迫使对方的将（帅）面对己方的帅（将），以此取胜。

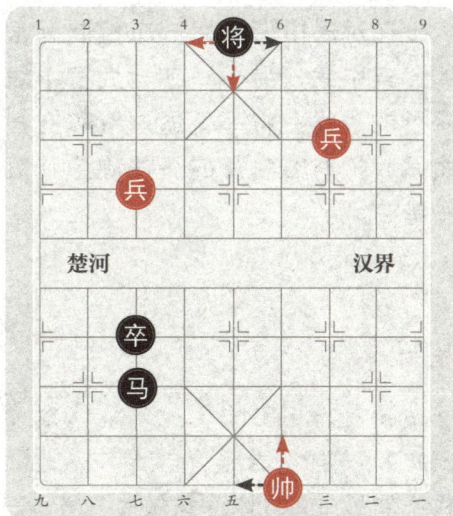

● 案例演示

　　在下图中，红方的帅独占中线，红方可设法迫使黑方的将行至5路，即可获胜。下一着红方走"兵三平四"将军，黑方便无法应将；如黑方走"将6平5"，即形成"对面笑"，红方胜利。

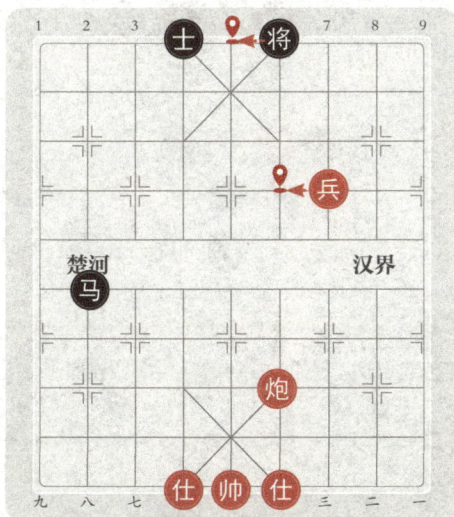

局势示意图

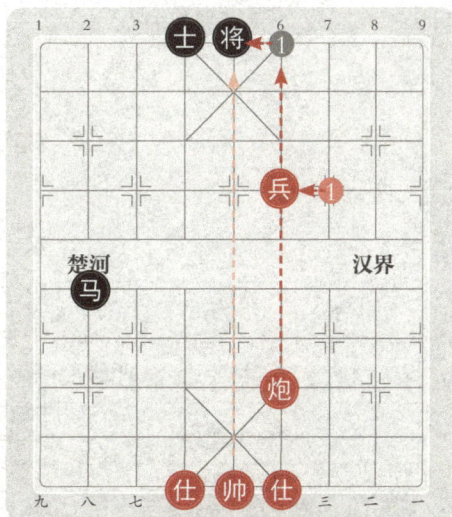

对面笑行棋示意图

双车错

在对局中，运用一车控制九宫的一条中线，另一车在与九宫中线平行的边线上将军，通过双车交替将军，把对方将死的杀法称为"双车错"。

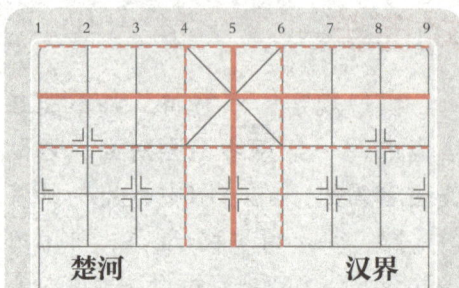

—— 中线
----- 边线

● **案例演示**

在局势示意图中，黑方无棋子保护4路的士，九宫的横向中线也无棋子保护，宫顶线被其他棋子阻拦。此时，红方可以用"双车错"杀死黑方。详细步骤见双车错行棋示意图与棋谱记录。

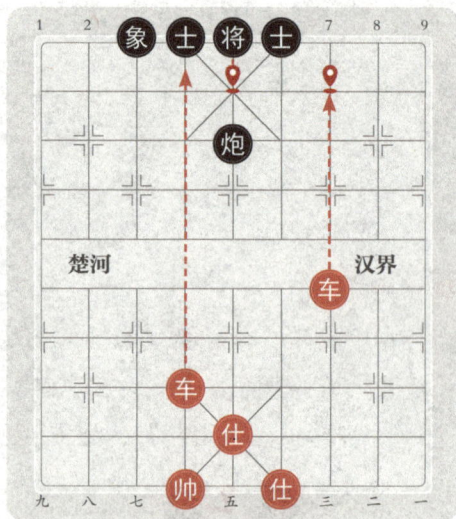

局势示意图

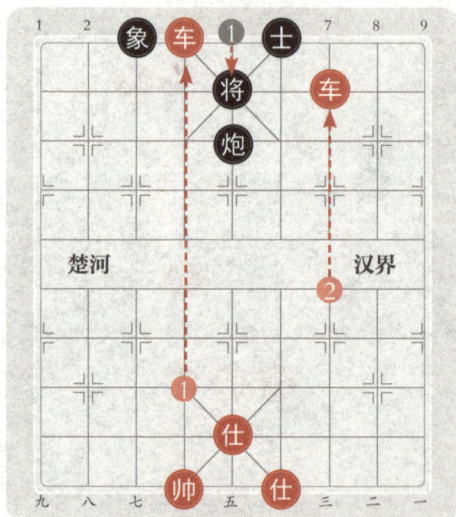

回合	红方	黑方
1	车六进七	将5进1
2	车三进四	

棋谱记录

双车错行棋示意图

双车胁士

一方以双车侵入对方九宫两肋后，再弃车强行杀士，构成杀局。做双车胁士的杀局时，先要看对方是单士还是双士：如果对方是单士，有时可与帅（将）配合；如果对方是双士，可与底炮配合。

● 案例演示

在局势示意图中，黑方为单士，如红方把帅右移至四路，协助四路的车做杀，黑方必然会上士防护；面对此局势，红方可用双车与帅配合杀死黑方。详细步骤见双车胁士行棋示意图与棋谱记录。

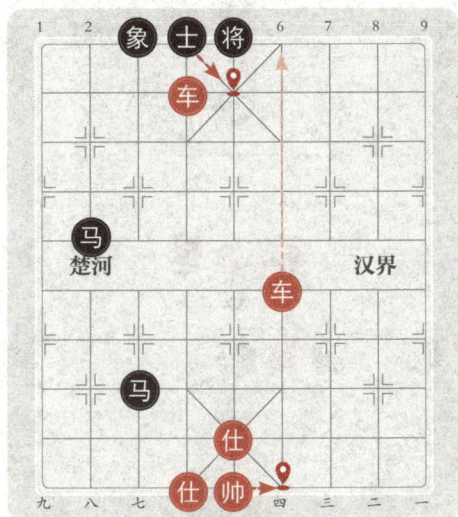

局势示意图

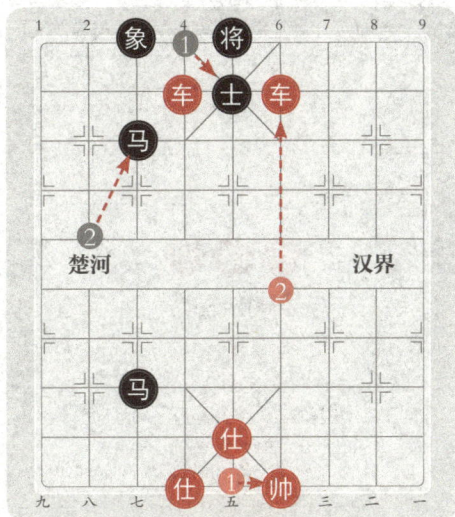

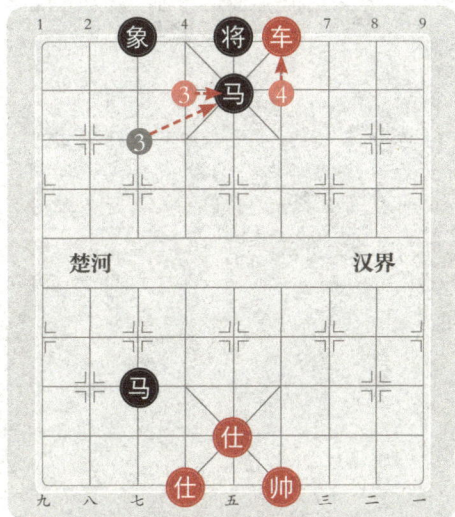

双车胁士行棋示意图（一）

回合	红方	黑方
1	帅五平四	士4进5
2	车四进四	马2退3
3	车六平五	马3退5
4	车四进一	

棋谱记录

● 案例演示

在局势示意图中，黑方为双士，如红方下一着车六进一将军，黑方可用士吃子应将。面对此局势，红方需先弃一车强行杀死九官中心的士，再与底线上的炮配合将死黑方，详细步骤见双车胁士行棋示意图与棋谱记录。

局势示意图

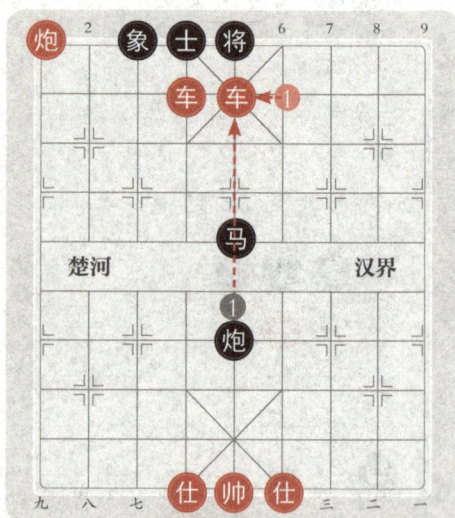

回合	红方	黑方
1	车四平五	炮5退5
2	车六进一	

棋谱记录

提示

红方在弃车杀士时，需用四路的车，因为六路的车进一后便是有根子，将不可吃子应将；同理，双车与帅配合时，用无帅保护的车杀士。

双车胁士行棋示意图（二）

卧槽马

一方的马跳到对方象（相）的起点前一格，攻击对方的将（帅）。

● **案例演示**

在局势示意图中，红方下一着走"马二进三"，既可将军，又可吃对方的车，如与车配合可杀死黑方。详细步骤见卧槽马行棋示意图与棋谱记录。

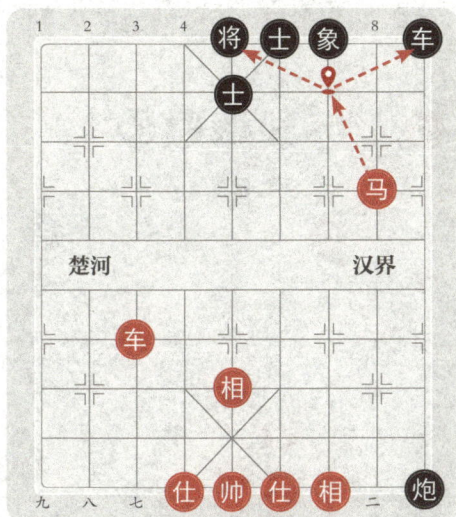

局势示意图

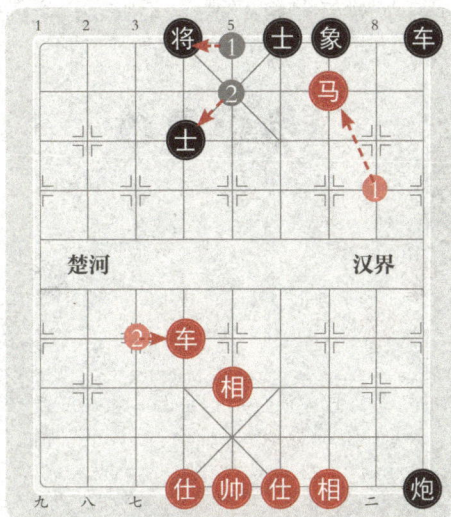

回合	红方	黑方
1	马二进三	将5平4
2	车七平六	士5进4
3	车六进四	

棋谱记录

卧槽马行棋示意图

钓鱼马

一方的马跳到对方象（相）的起点前两格，可控制对方九宫的两个交叉点，策应其他棋子构成杀局。

● 案例演示

在局势示意图中，红方下一着走"马八进七"，既可保护己方的炮，又可控制对方九宫的两个交叉点，之后策应车和炮可杀死黑方。详细步骤见钓鱼马行棋示意图与棋谱记录。

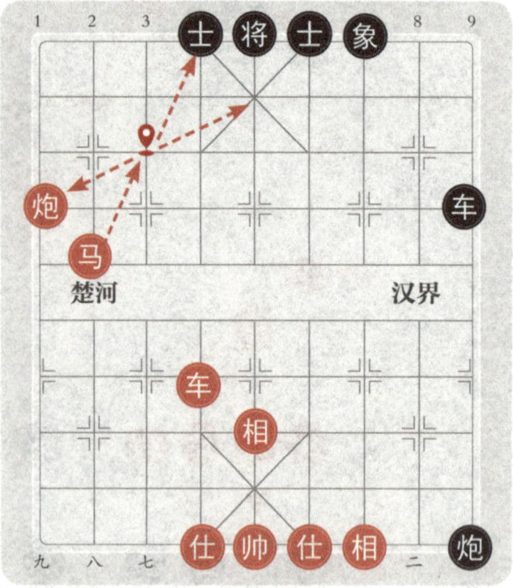

局势示意图

回合	红方	黑方
1	马八进七	车9退1
2	炮九进三	士4进5
3	车六进六	

棋谱记录

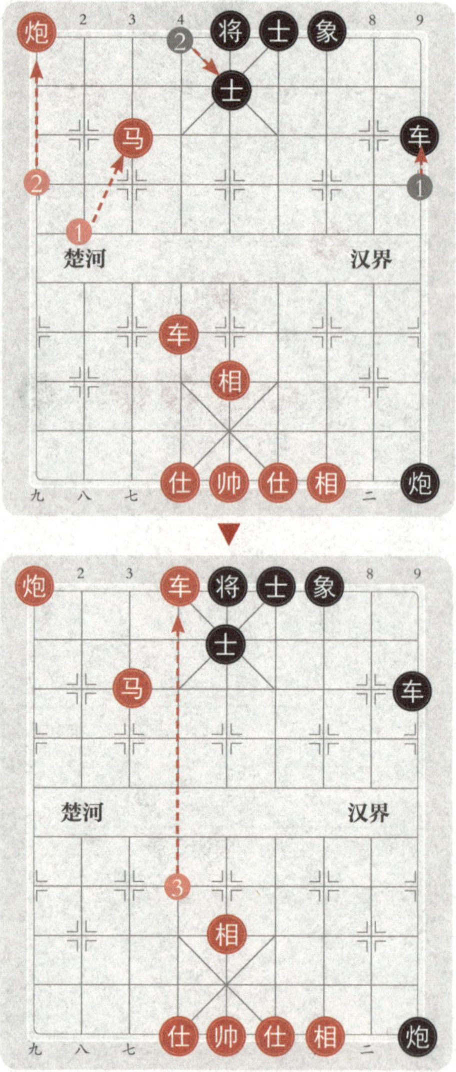

钓鱼马行棋示意图

马后炮

一方的马与对方的将（帅）位于同一竖线或横线上，马与将（帅）中间隔一个交叉点，即在"日"字格同一侧，之后再将炮移至马的后方，便可构成杀局。

● 案例演示

在局势示意图中，红方下一着走"马九进八"，红方的马与黑方的将便位于"日"字格同一侧（此时，红方走"日"字格可控制将的上下两点）；此时红方可将炮移至马的后方，构成杀局。详细步骤见马后炮行棋示意图与棋谱记录。

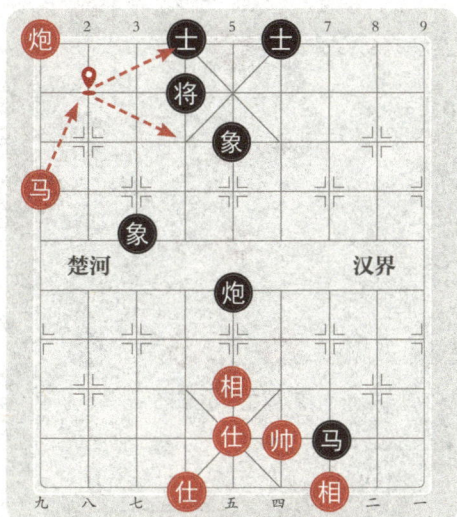

局势示意图

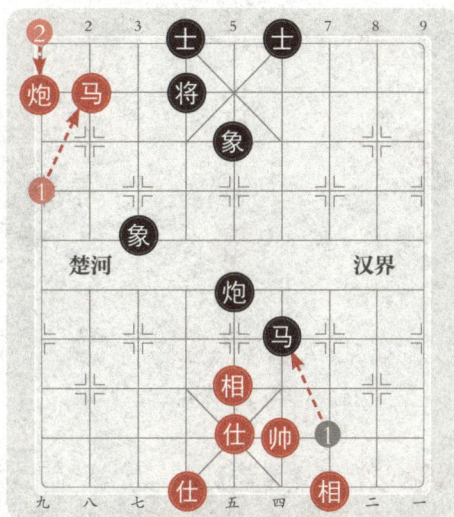

马后炮行棋示意图

提示

应对"马后炮"杀法时，可在马与将之间叠一颗棋子，或者吃掉后方的炮。

回合	红方	黑方
1	马九进八	马7退6
2	炮九退一	

棋谱记录

重炮

一方的双炮在同一条竖线或横线上前后呼应，前方的炮当炮架，后方的炮将军，或者前方的炮将军，后方的炮控制。这是一举获胜的杀法。

● 案例演示

在局势示意图中，黑方的将被固定在中线，红方的双炮下一着走到中线就可杀死黑方，详细步骤见重跑行棋示意图与棋谱记录。

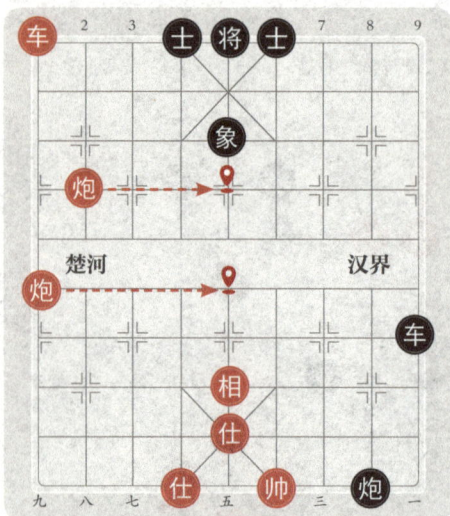

局势示意图

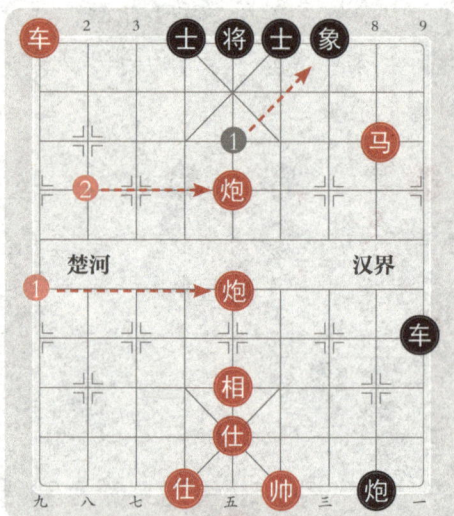

重炮行棋示意图

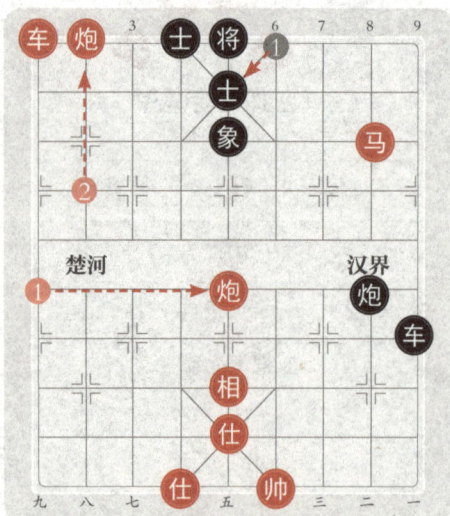

回合	红方	黑方
1	炮九平五	象5退7
2	炮八平五	

棋谱记录

提示

如黑方第1回合走"士6进5"应将，红方第2回合可走"炮八进三"杀死黑方，这种"一炮居中，一炮沉底"的杀法称为"天地炮"。

闷宫

一方的炮以对方的士为炮架将军，而对方的将（帅）因自己的双士阻碍无法应将。

● 案例演示

在局势示意图中，黑方的双士和将位于起始位置，黑方阵营无其他棋子护卫，如红方迫使黑方的士进一，让双士阻碍将移动的两条路线，红方可用一炮杀死黑方。详细步骤见闷宫行棋示意图与棋谱记录。

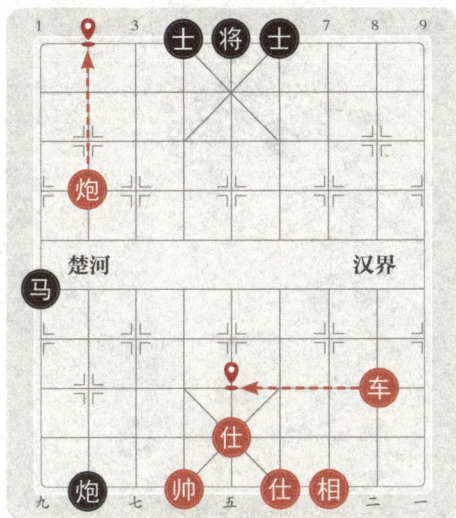

局势示意图

回合	红方	黑方
1	车二平五	士4进5
2	炮八平三	炮2退3
3	炮三进三	

棋谱记录

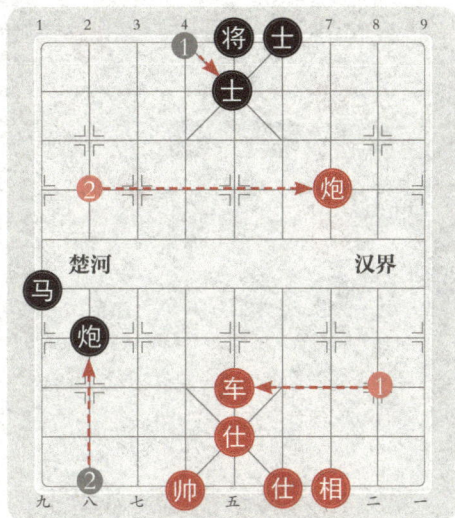

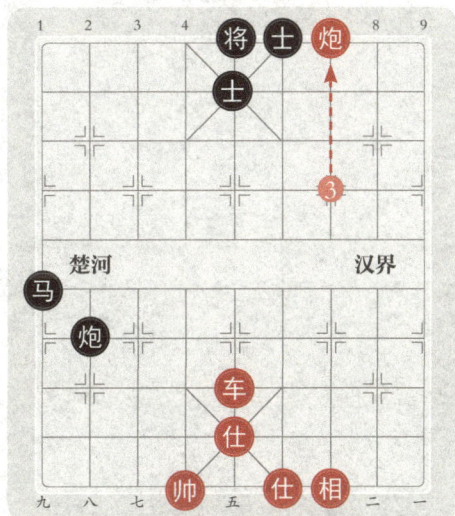

闷宫行棋示意图

闷杀

一方的炮以对方的棋子为炮架将军，而对方因自己的棋子阻碍而无法避将，也无法撤开作为炮架的棋子。

● 案例演示

在局势示意图中，黑方的将可移动路线被其他棋子阻碍，如黑方的双士再被禁锢，无法用拆炮台来应将时，那红方就可用单炮把黑方杀死。详细步骤见闷杀行棋示意图与棋谱记录。

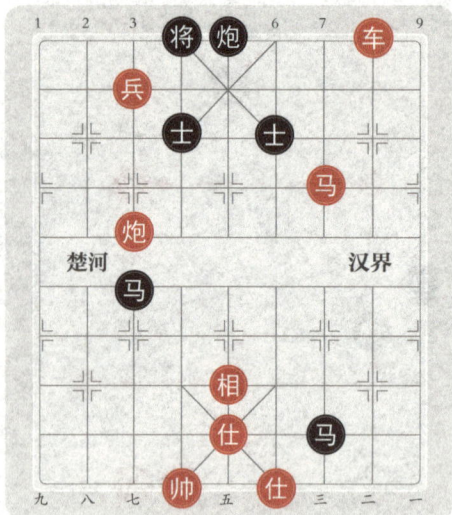

局势示意图

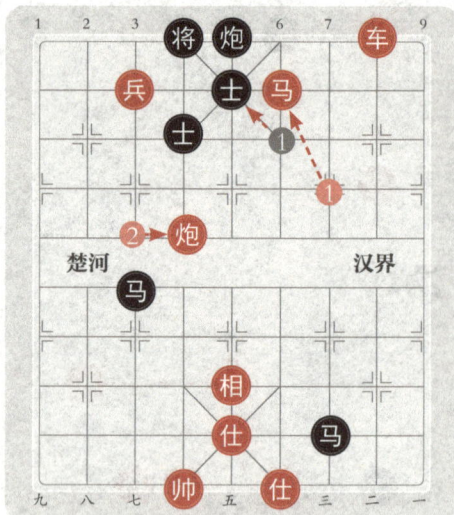

闷杀行棋示意图

回合	红方	黑方
1	马三进四	士6退5
2	炮七平六	

棋谱记录

双将

一方运用多颗棋子，兵分两路对对方的将（帅）发起攻击，并杀死对方。

● 案例演示

在局势示意图中，红方的车和炮可两面夹击，对黑方交替将军，面对这种局面，红方可采用双将的基础杀法把黑方杀死。详细步骤见双将行棋示意图与棋谱记录。

局势示意图

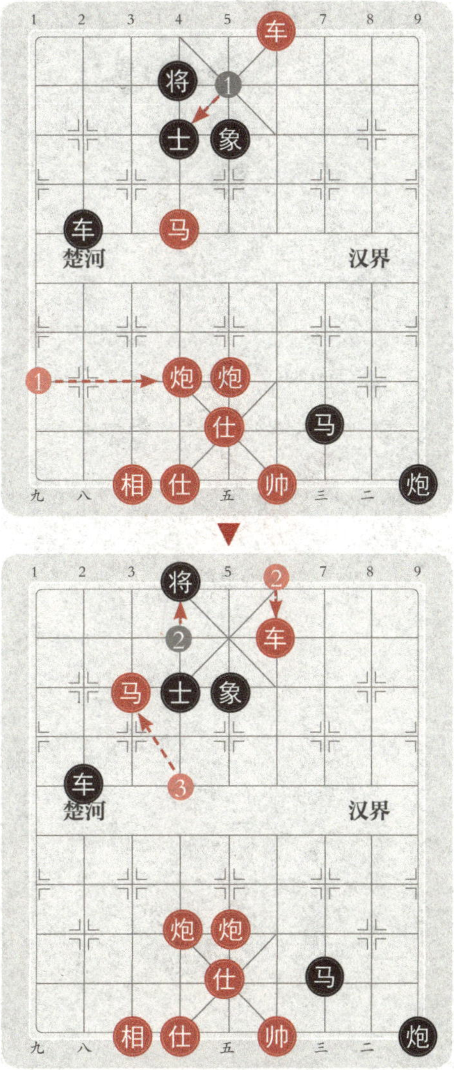

双将行棋示意图

回合	红方	黑方
1	炮九平六	士5进4
2	车四退一	将4退1
3	马六进七	

棋谱记录

铁门闩

一方运用一炮镇守中线，使对方在中线防守的棋子不可移动，再用车或兵进到对方阵营的底线上对对方的将（帅）发起攻击，并杀死对方。

● 案例演示

在局势示意图中，黑方的士和象齐全，且一侧的士与象在中线，面对这种局面，红方可用炮控制中线的士和炮，再用车将死黑方。详细步骤见铁门闩行棋示意图与棋谱记录。

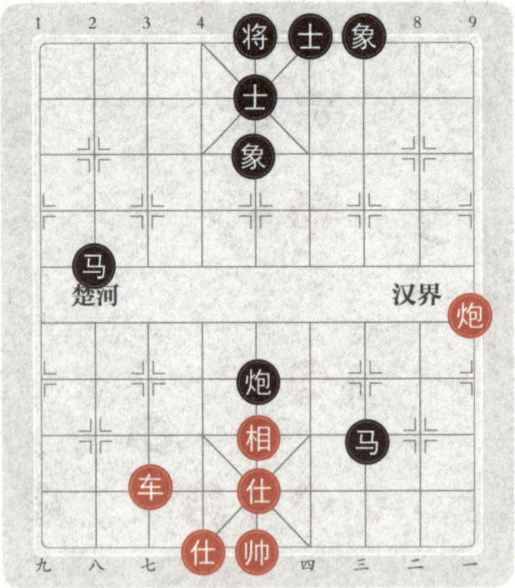

局势示意图

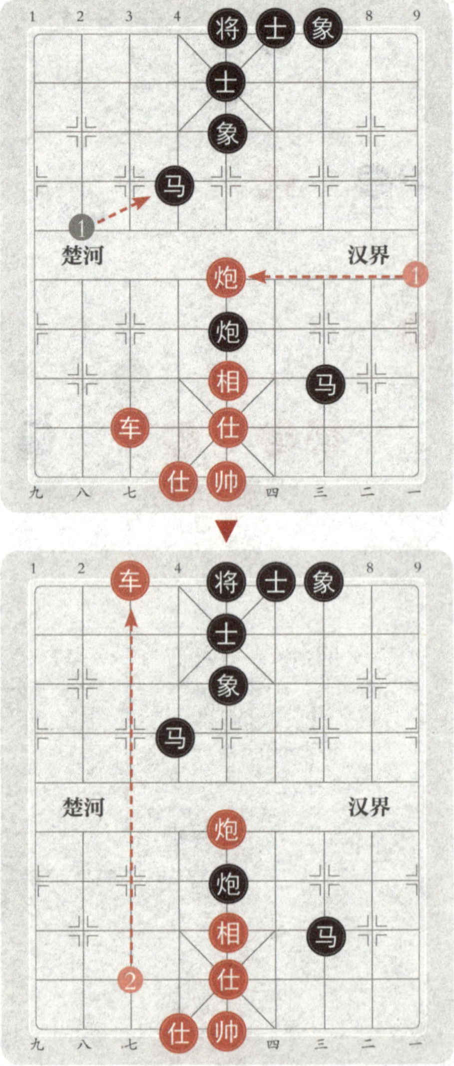

铁门闩行棋示意图

回合	红方	黑方
1	炮一平五	马2退4
2	车七进八	

棋谱记录

二鬼拍门

一方的双兵（卒）或者双车侵入对方九宫中心两侧，如若再有第三颗棋子辅助进攻，对方必败。

● 案例演示

在局势示意图中，红方双兵位于九宫中心两侧，是典型的二鬼拍门，如再加上帅的辅助便可获胜，详细步骤见二鬼拍门行棋示意图与棋谱记录。

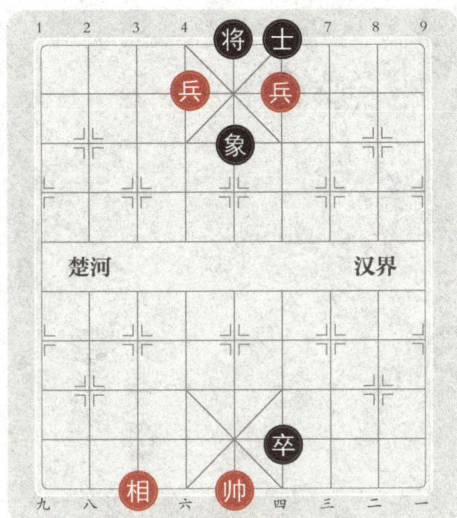

局势示意图

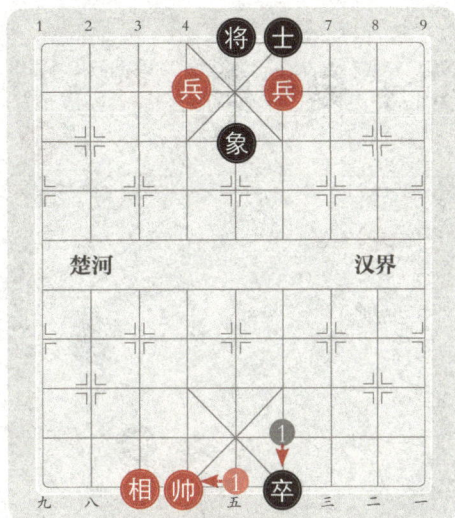

二鬼拍门行棋示意图

回合	红方	黑方
1	帅五平六	卒6进1
2	兵六进一	

棋谱记录

大胆穿心

一方车在其他棋子的协助下，一举吃掉对方位于九宫中心的士，再合力将死对方。

● **案例演示**

在局势示意图中，红方的马可协助车吃掉黑方的中心士，并形成将军局面，红方可用大胆穿心将死黑方。详细步骤见大胆穿心行棋示意图与棋谱记录。

局势示意图

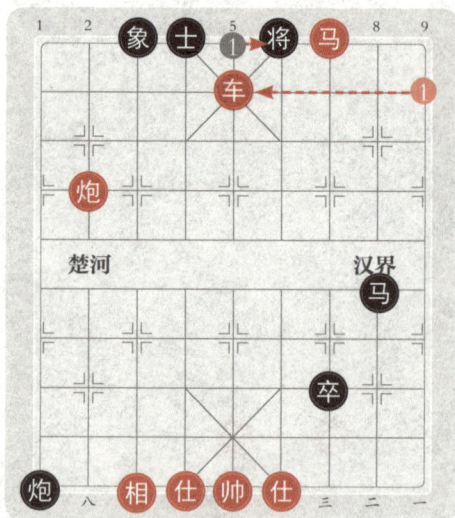

回合	红方	黑方
1	车一平五	将5平6
2	马三退四	士4进5
3	炮八平四	

棋谱记录

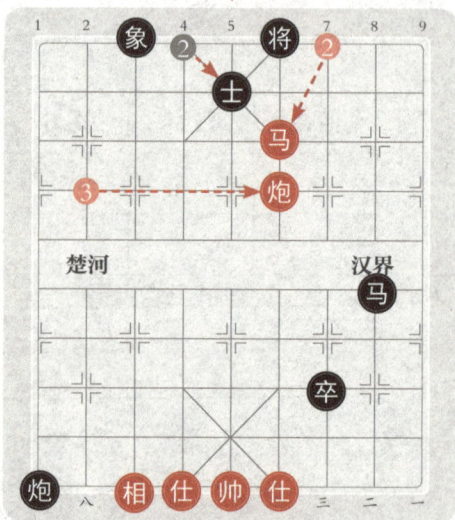

大胆穿心行棋示意图

提示

如黑方第1回合走"士4进5"吃红方的车，红方下一着走"炮八进三"将死黑方。

夹车炮

一方的双炮和车集结在对方阵营一侧，双炮和车在底线、底二线、宫顶线上交替将军，从而将死对方。

● 案例演示

在局势示意图中，红方的双炮与车都在一侧，且黑方的将在这一侧无棋子防护，面对这种局面，红方可用夹车炮将死黑方。详细步骤见夹车炮行棋示意图与棋谱记录。

局势示意图

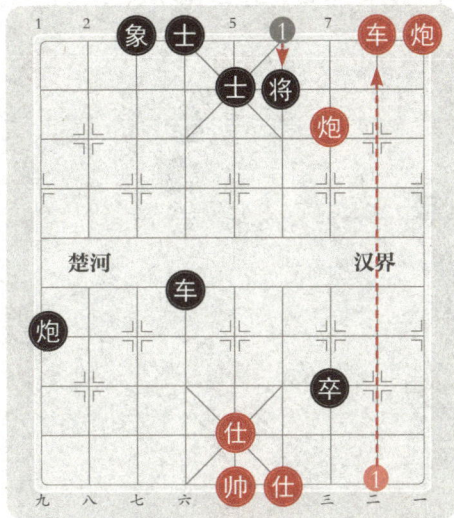

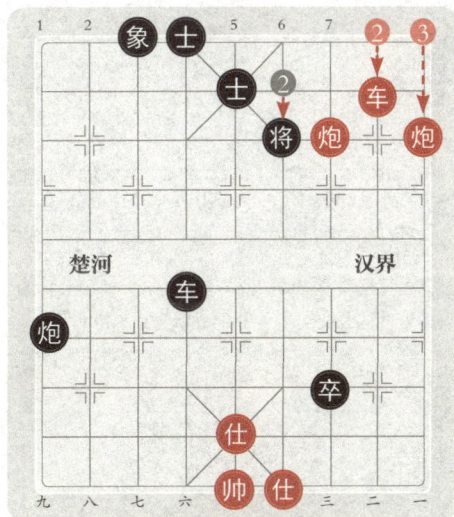

回合	红方	黑方
1	车二进九	将6进1
2	车二退一	将6进1
3	炮一退二	

棋谱记录

夹车炮行棋示意图

海底捞月

棋局结尾时，一方除主帅外还剩一车、一炮，另一方除主帅外只剩一车；有炮的一方主帅和车占据中线，再把炮移至将（帅）后方打跑对方守肋的车，以对面笑将死对方。

● **案例演示**

在局势示意图中，双方除主帅以外，红方有一车、一炮，且帅和车位于中线，黑方只有一车，面对这种局面，红方可用海底捞月将死黑方。详细步骤见海底捞月行棋示意图与棋谱记录。

局势示意图

回合	红方	黑方
1	炮一平四	车6平9
2	车五退四	将6退1
3	车五平四	

棋谱记录

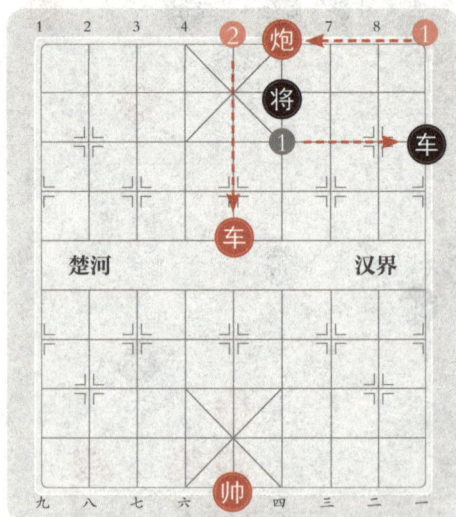

海底捞月行棋示意图

第五章

象棋开局

开局原理和三大原则

开局是一局棋的开始阶段，是全盘棋局的基础，关乎双方棋子的排兵布阵。

开局原理

开局是指双方棋子由原位出动，且形成基础的阵型。

开局与中局并无明显的界限，依据经验来看，有以下两点判断依据。

开局的特征

● **从已出动的子力和数量来看**

当车、马、炮六颗强力棋子已出动四至五颗，且相和兵等弱子都可移动时，说明开局阵型部署完成。

● **从已出动的棋子类型和阵型来看**

已出动的棋子为棋盘两翼的棋子，且棋子类型协调，形成了阵型。

● **从双方的棋子是否接触来看**

当双方的棋子已初步接触，进入对战阶段，则开局结束，进入中局。

开局的着数

六颗强力棋子出动最少需6着，主力棋子多走1至2着，则为8着；再加上移动一颗或两颗兵（卒），因此，一盘棋的排兵布阵，一般在10至15回合结束。

三大原则

一个好的开局，可让己方在中局处于优势地位，因此，好的开局至关重要。以下先来介绍开局的三大原则。

快速出动六大强力棋子，抢占重要的位置

车、马、炮三类强力棋子属于进攻型棋子，在开局阶段需尽快出动这些棋子，抢占河界线和肋道。在这个阶段需注意避免重复移动某一颗棋子，也不要在开局阶段就用一两颗棋子盲目进攻。

在下图中，红方前3回合重复移动一车，且盲目进攻，不注重防御，导致黑方下一着走"炮2平5"，红方即被重炮将死。

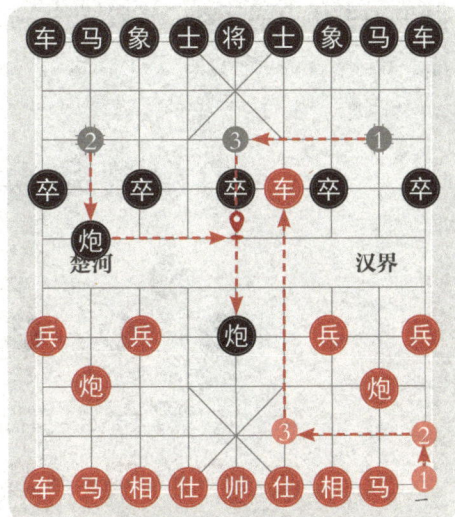

回合	红方	黑方
1	车一进一	炮8平5
2	车一平四	炮2进2
3	车四进五	炮5进4

棋谱记录

错误的开局行棋示意图

河界线和肋道是攻守兼备，且子路通畅的位置，因此，开局阶段河界线和肋道是必争之地。 例如，棋子在河界线时，可抢先发起有利于己方的进攻，也可快速调动中心棋子向两翼坚守。

在下图中，红方的马位于己方河界线上，此时，马下一着可走"马四进三"或"马四进五"主动攻击，也可走"马四进六"或"马四退六"防御黑方的车移动到河界线或兵行线上。

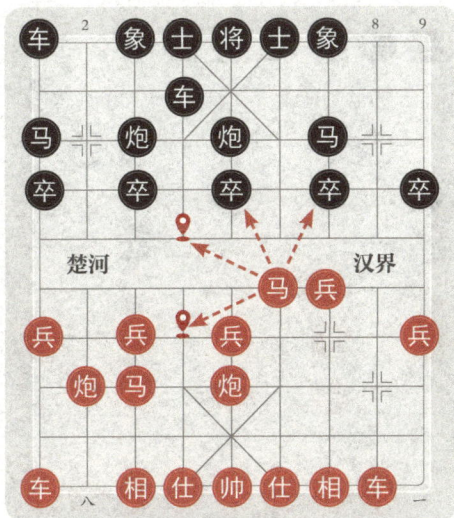

巡河马攻守示意图

封锁压制对方出子，拓展己方棋子的活动空间

要封锁压制对方出子，需看懂对方走棋意图，预判对方下一着，用己方棋子压制对方棋子的活动，使其无法布局。

在下图中，红方走"炮八平五"对黑方中线构成威胁，面对此局面，黑方走"马8进7"保护中线的卒。

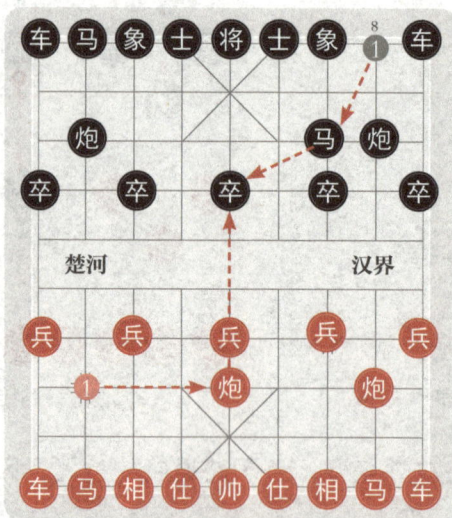

拓展活动空间是在构建己方的防御工事的同时，把握时机，派遣己方棋子越过河界，杀入对方阵营，拓展己方棋子的活动空间。

在下图中，红方走"炮三进三"发起进攻，可为所在一侧的马和车拓展活动空间。

均衡地出动两翼棋子，保持阵型协调和子路通畅

两翼是指九宫的两侧，两翼出子均衡是指开局阶段，九宫两侧的棋子需左右照应，避免只出动一侧棋子，使棋子互不照应，无法配合进攻和防守，即阵型出现空当。

阵型协调和子路通畅是指车、马、炮的活动路线通畅，互不干扰和阻塞，且棋子配合进攻和防守。

在下图中：红方均衡地出动两翼棋子，棋子之间相互照应，车、马、炮的活动路线畅通；黑方只出动了一侧棋子，且马需保护中线的卒和8路的炮，不可移动；当红方下一着马走到所示定位点时，便可威胁黑方的车，先于黑方发起攻势。

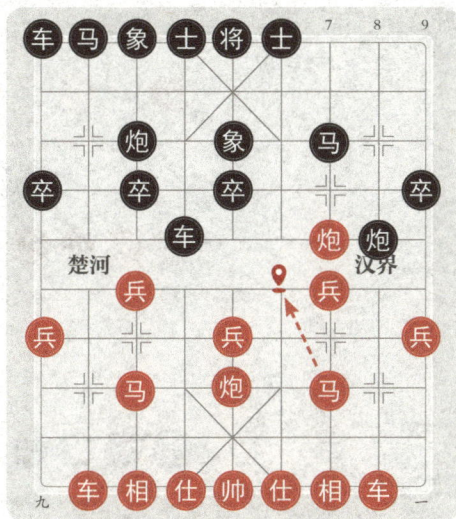

常见的开局种类

象棋开局的优势可直接影响之后的局面，如开局的意图被对方看破，之后便很难挽回败局。以下介绍一些常见的开局。

炮类

炮类的开局走法主要有当头炮、士角炮、过宫炮、金钩炮，以下分别进行讲解。

当头炮

当头炮也称"中炮"，是指开局第一着走"炮二平五"或"炮八平五"，将炮放到中线，这是一种进攻型开局。这种开局的优点是炮直接对准对方中卒，并对将构成威胁，使对方不得不采取措施保中卒；缺点是无法飞相，两相无法首尾相连，容易被逐一击破。

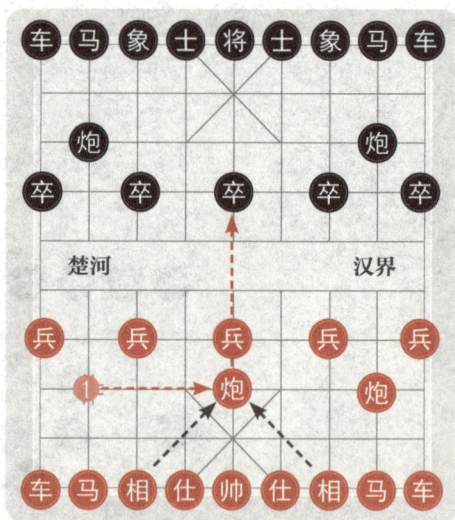

当头炮示意图

士角炮

一方首着走"炮二平四"或"炮八平六"，因炮置于士角（宫顶线与肋道相交的两个交叉点），故名"士角炮"。这种开局利于快速上马出车，中炮和飞相的权利得以保留，是一种稳健的开局。

提示

红方之后走"马八进七"和"车九平八"便可快速出动强力棋子。

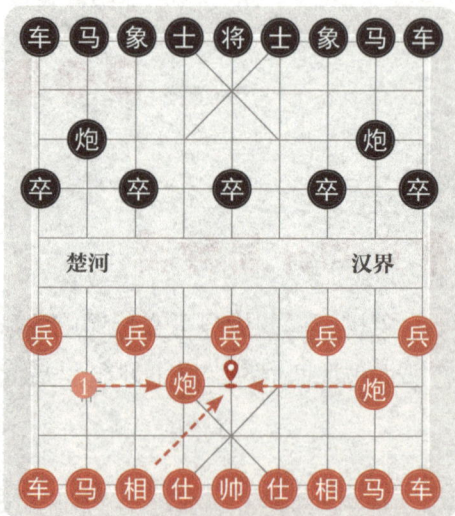

士角炮示意图

过宫炮

一方首着走"炮二平六"或"炮八平四"，因炮经过将（帅）的中宫而得名。这种开局优点是利于己方起马后快速出车，与士角炮的优点类似；但若运用不当，会造成己方阵型不协调，棋子之间相互阻塞。

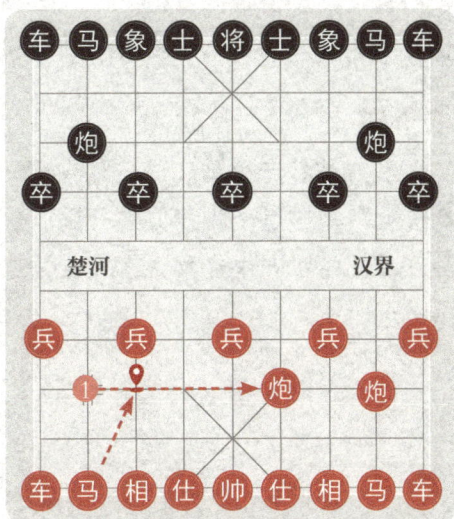

过宫炮示意图

金钩炮

一方首着走"炮二平七"或"炮八平三"，是一种比较冷门的开局走法。这种开局的优势是把子力归于一侧，在一侧造成凶猛的攻势；缺点与过宫炮相同，在运用不当时，会造成己方的棋子相互阻塞。

提示

红方二路的马只可进一，一路的车需先进一，再横走至四路或者六路。

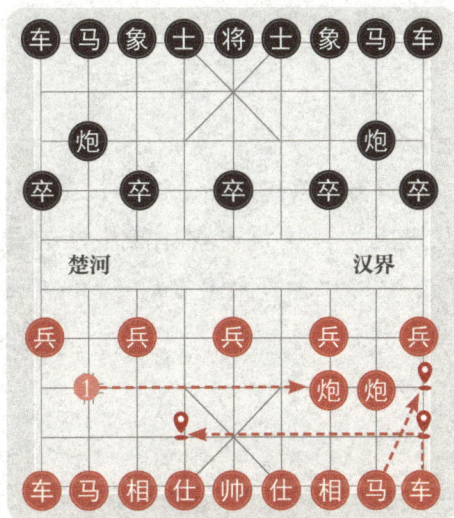

金钩炮示意图

马类

马类的开局走法主要有起马局和边马局，以下分别讲解。

起马局

红方首着走"马二进三"或"马八进七"，这是一种稳健的开局。这种开局既能防守中线的兵，又能快速出车。

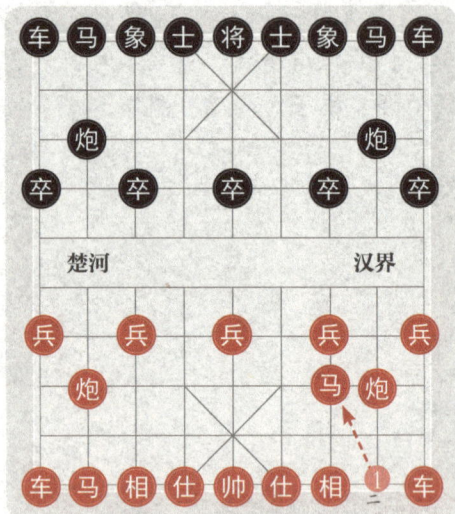

起马局示意图

边马局

红方首着走"马二进一"或"马八进九"，这是一种比较平淡的开局。这种开局的优势是加快车和炮的推进速度。

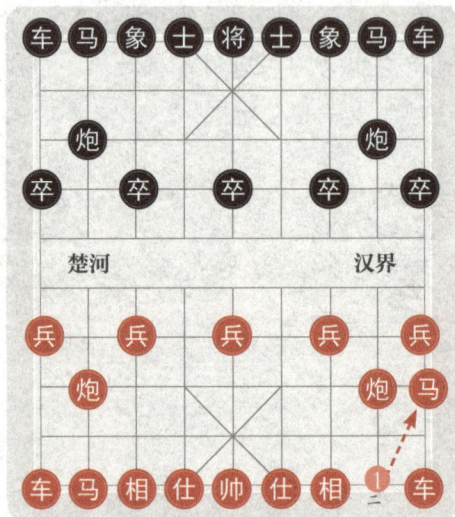

边马局示意图

兵类

兵类的开局走法主要有仙人指路和九尾龟两种。

仙人指路

又称"进兵局"，指红方首着走"兵三进一"或"兵七进一"。这种开局可为马开路，也可试探对方的棋路。

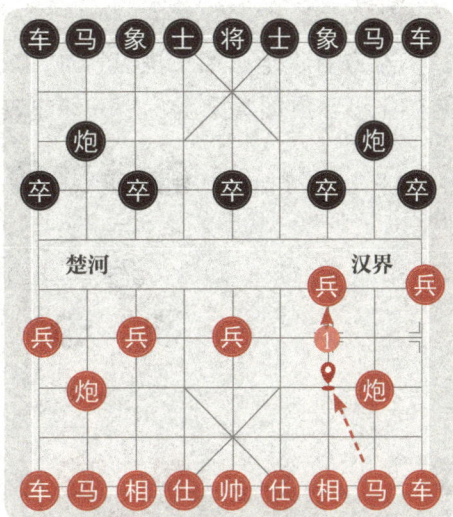

仙人指路示意图

九尾龟

红方首着走"兵一进一"或"兵九进一"。这是一种冷门的开局，棋手意图从边路突破，但这种开局会暴露意图，不建议新手使用。

九尾龟示意图

相类

开局飞相属于防守反击型开局，在实战中一般是"飞正相"，也就是接下来介绍的"飞相局"。

飞相局

红方首着走"相三进五"或"相七进五"。这种开局先建立己方阵营的防御工事，再伺机反击，是一种比较稳当的开局。

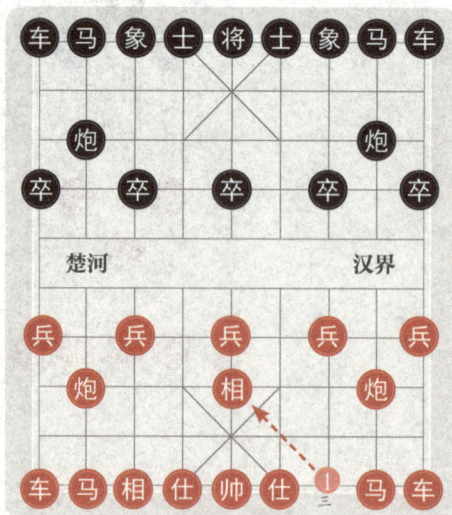

飞相局示意图

常见的开局应对之策

象棋走棋的顺序为红方先，黑方面对红方的开局需有应对方案。接下来介绍一些常见且有效的应对方案。

炮类的应对方案

前面介绍了四种常见的炮类开局，黑方应对这四种开局有相应的方法，如起马局应对当头炮、仙人指路应对士角炮，而应对过宫炮和金钩炮可用飞相局、当头炮、仙人指路，也可将车进一，以横车应对。

注意，应对各种开局的方案有多种，如当头炮可应对当头炮和士角炮，大家可多做尝试。

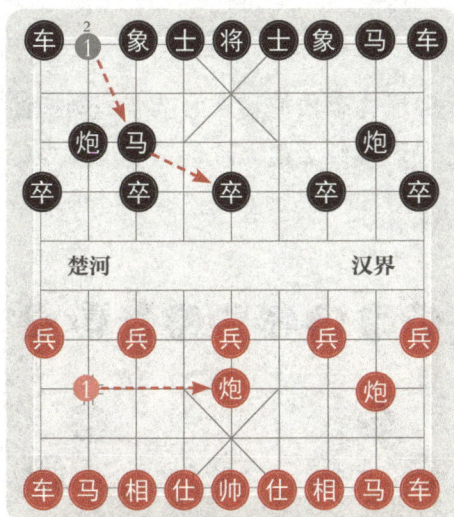

起马局 VS. 当头炮

黑方走"马2进3"保护中线的卒，防止红方下一着走"炮五进四"。

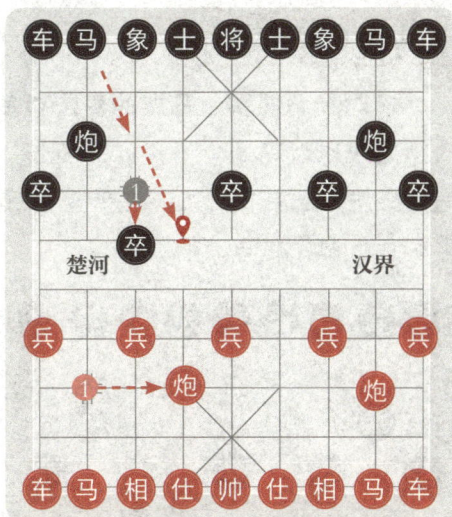

仙人指路 VS. 士角炮

黑方走"卒3进1"后，马可抢先走到巡河线上，且红方走"兵七进一"为马开路时，黑方可抢先发起进攻，吃掉红方的兵。

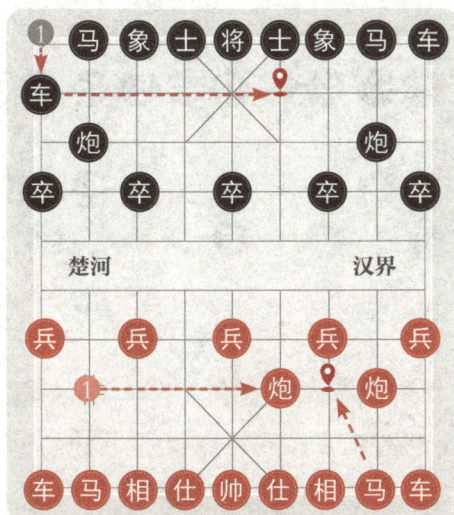

横车 VS. 过宫炮

黑方走"车1进1"后，车可横走到任意一路上，如下一着移至6路攻击过宫炮，红方需上马作为炮架，这便破坏了红方在一侧布局的意图。

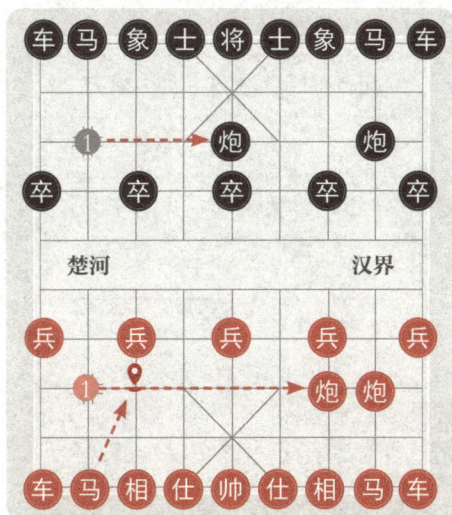

当头炮 VS. 金钩炮

黑方走"炮2平5"对红方中线构成威胁，如红方下一着走"马八进七"防护，便被黑方的炮牵制。

马类的应对方案

　　应对起马局和边马局的着法有多种，但最为有效的着法为挺卒，例如仙人指路应对起马局。当黑方的卒先一步走到巡河线上建立防御工事，红方的马便很难从这一侧突围，移动至巡河线上。以下演示3回合的走棋，看仙人指路是如何制住起马局的。

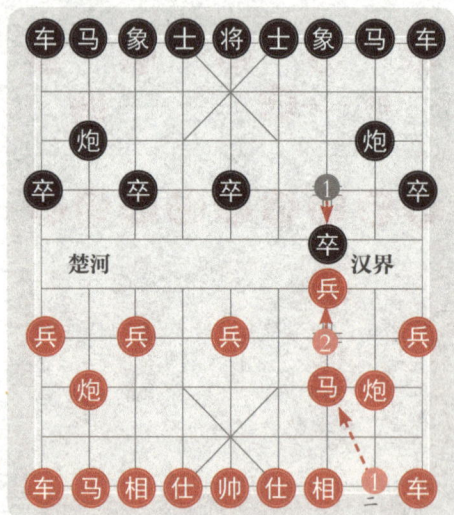

回合	红方	黑方
1	马二进三	卒7进1
2	兵三进一	卒7进1
3	马三进四	卒7平6

棋谱记录

仙人指路 VS. 起马局

黑方走"卒7进1"后，红方想让马走到巡河线上，需先把前兵进一，不然就会蹩马腿；然后红兵进一，黑卒可吃子，红马再到巡河线时，又会被黑卒吃掉。

兵类的应对方案

兵类开局中，介绍了仙人指路和九尾龟，其中应对仙人指路的常见着法有兵底炮（卒底炮）和当头炮；面对九尾龟开局，黑方可用当头炮应对。

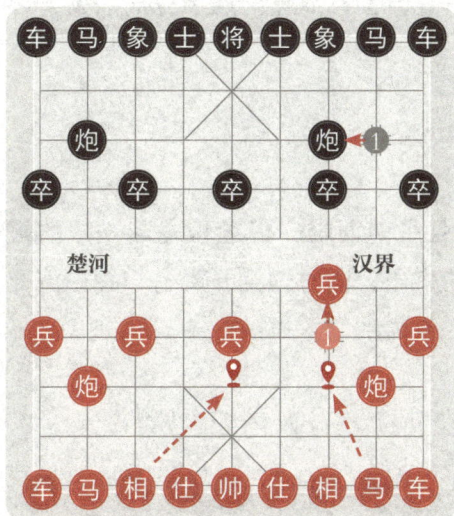

卒底炮 VS. 仙人指路

黑方走"炮8平7"发起攻势。红方下一着要么修改布局，例如飞相保护兵，同时守住巡河线；要么放弃兵和巡河线，依旧上马。

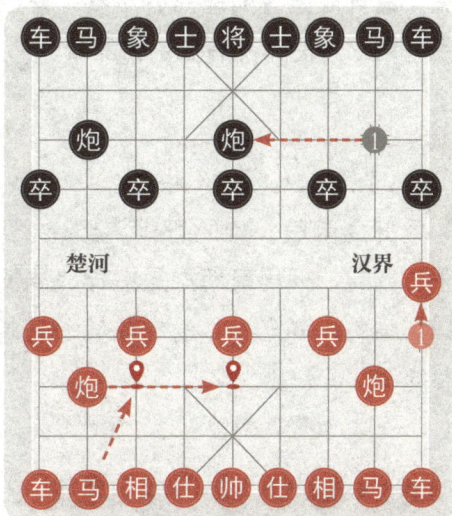

当头炮 VS. 九尾龟

黑方走"炮8平5"发起攻势，红方下一着要么架起中炮，要么上马保护中线的兵。

相类的应对方案

相类开局对黑方来讲是没有威胁的，因此，用当头炮、士角炮、过宫炮应对都可以。

士角炮 VS. 飞相局

黑方走"炮8平6"后，左侧的路线就畅通了，可加快马和车的出动。

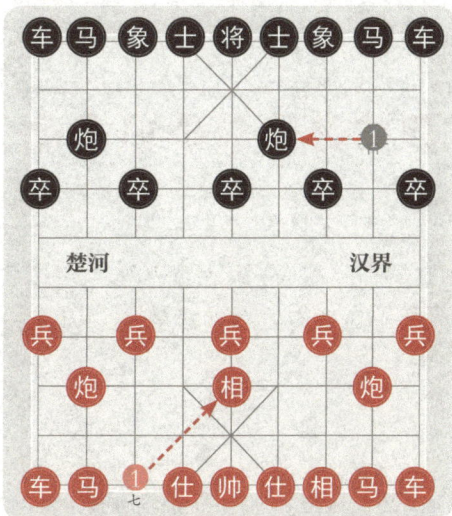

建立布局系统

对于初学象棋的爱好者来说，在了解开局原理和开局种类后，可选择一两种开局深入学习，熟练掌握。**象棋走棋分先手和后手，红方作为先手开局，需针对黑方的应对方案有一至二套进攻方案；而作为后手开局的黑方，需针对红方的布阵有应对方案。**

先手开局

开局阶段，炮的行棋路线最灵活，且是前期唯一可远程发起进攻的棋子，因此，开局前期炮是主导战局发展的棋子，同时炮类开局是一种主流开局。例如，红方用当头炮开局，当红方的炮瞄准黑方中线的卒，黑方只有上马保卒或补厚中线这两种选择。

在下图中，黑方走"炮8平5"或"马8进7"便是两种主流应对之策。

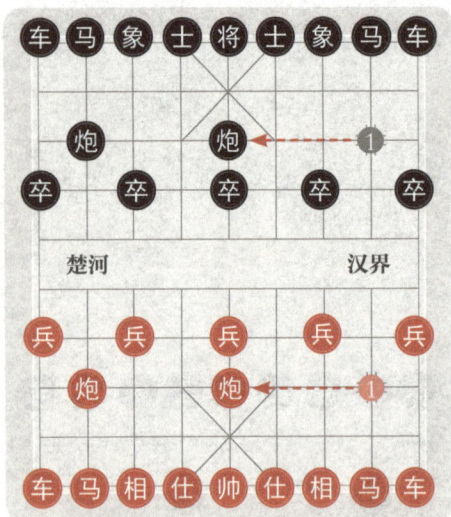

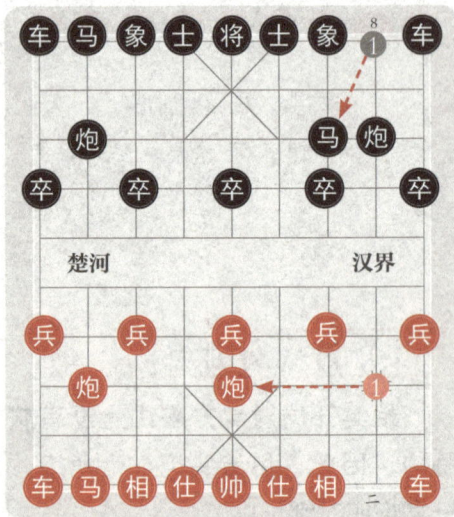

接下来以黑方这两种应对之策为例，演示红方前六回合的布局。

为何以前六回合为例呢？前文讲解开局特征时提过，六大强力棋子是否出动为开局的一个主要特征，因此，开局前六个回合属于定局阶段。

顺手炮

当红方走中炮后，黑方走同一方向的中炮，称为"顺手炮"。例如，红方走"炮二平五"，黑方走"炮8平5"；红方走"炮八平五"，黑方走"炮2平5"。如果黑方走另一方向的中炮，称为"列手炮"。

在下图中，双方移动同一侧的炮，为顺手炮，双方的着法都属于进攻型，是以攻对攻的开局。

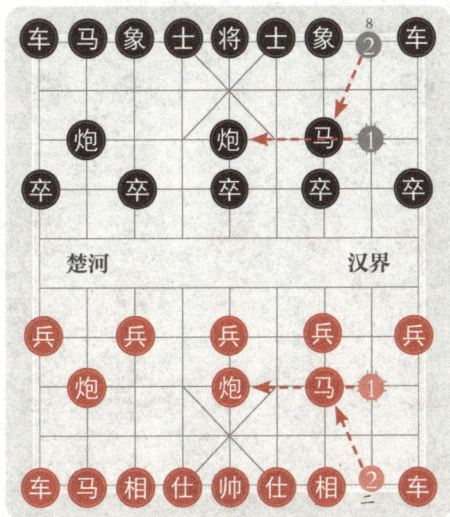

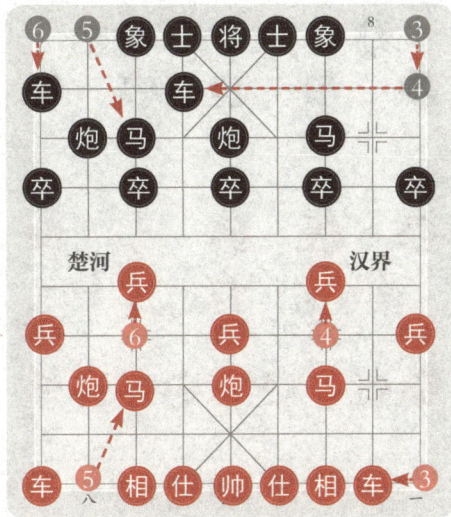

回合	红方	黑方
1	炮二平五	炮8平5
2	马二进三	马8进7
3	车一平二	车9进1
4	兵三进一	车9平4
5	马八进七	马2进3
6	兵七进一	车1进1

棋谱记录

分析

1. 中炮为何不吃卒并将军？如红方第2回合走"炮五进四"吃卒并将军，黑方上马抓炮，红方便会失去先手的优势。因此，前期炮忌轻发，需将炮留在自己的阵营牵制对方。

2. 出车的战略。车平一为直车，进一为横车，直车已经占领了一条通畅的路线，可伺机而动；横车则不同，需迅速占领肋道，以便之后进攻。因此，黑方车进1后急忙平4，占领肋道，红方车平二后便不再行动。总结出车战略为"直车缓，横车急"。

3. 出马的战略。红方走"马二进三"或"马八进七"后便被兵蹩马腿，也就是路线不畅，需考虑抢进三路和七路的兵。总结出马战略为"出马需活马"。

屏风马

红方首着走"炮二平五"，即中炮开局，黑方走"马8进7"和"马2进3"跳马护住中卒，形成屏风马的布局。

这种开局与顺手炮相比，双方对峙并不激烈，之后的阵型变化更大。

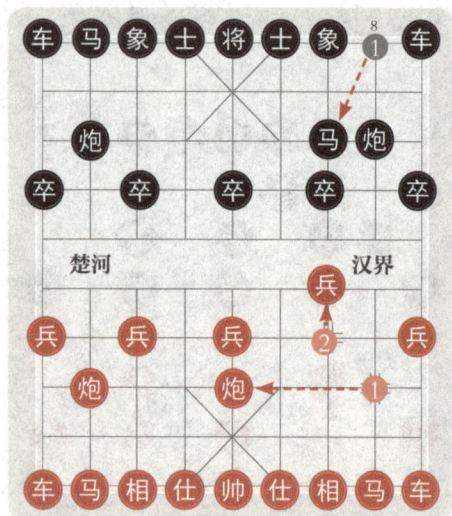

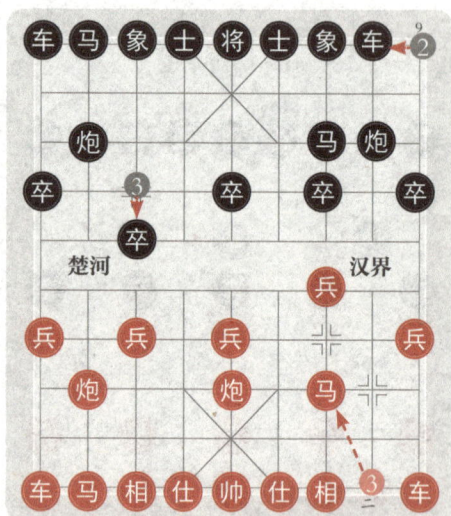

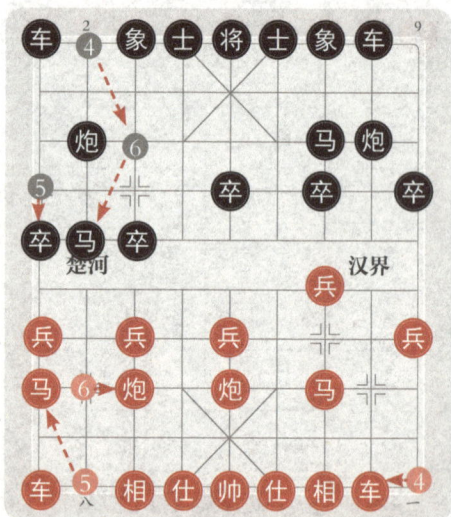

回合	红方	黑方
1	炮二平五	马8进7
2	兵三进一	车9平8
3	马二进三	卒3进1
4	车一平二	马2进3
5	马八进九	卒1进1
6	炮八平七	马3进2

棋谱记录

分析

1. 第2回合红方走"兵三进一"的目的是抢先占领河界线，使三路的马行动路线畅通；同理，黑方第3回合走"卒3进1"的目的也是抢先疏通2路马的行动路线。

2. 第4回合红方走"车一平二"是为了限制黑方平移至8路的炮，亮出8路的车。

3. 第5回合红方走"马八进九"是为了快速出车，且让炮保护马；然而，黑方走"马3进2"后，便架起了炮架，限制红方走"车九平八"。

后手开局

后手针对先手中炮开局，有顺手炮和屏风马两种应对方法，在实战中，这两种应对方法是比较常见的。

接下来讲解黑方如何用中炮应对士角炮和过宫炮的开局。

右中炮应对士角炮

黑方应对士角炮，一般用相反方向的中炮，其目的是牵制对方出动强力棋子。在下图中，红方用"炮二平四"士角炮开局，黑方以相反方向的中炮应对。以下来看双方前六回合的棋谱记录。

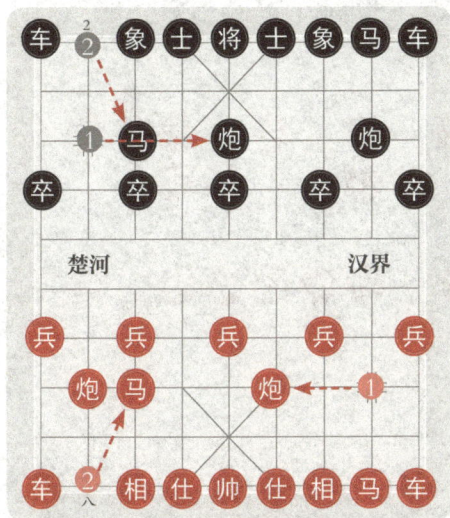 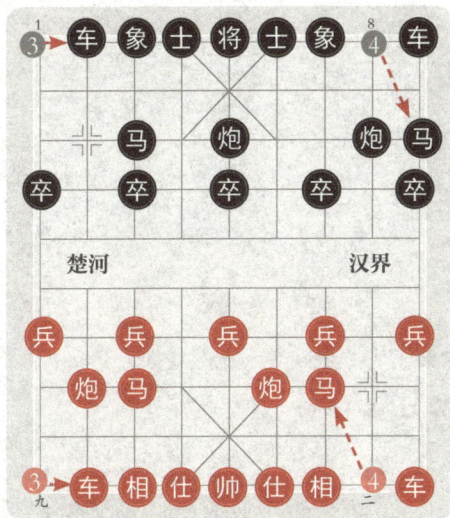

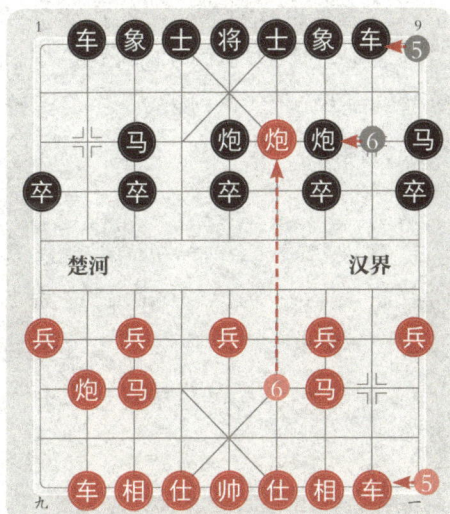

回合	红方	黑方
1	炮二平四	炮2平5
2	马八进七	马2进3
3	车九平八	车1平2
4	马二进三	马8进9
5	车一平二	车9平8
6	炮四进五	炮8平7

棋谱记录

分析

1. 第3回合黑方走"车1平2"牵制红方平移至八路的炮，亮出八路的车。
2. 第5回合黑方走"车9平8"可使9路的马和8路车、炮配合，相互保护。
3. 第6回合形成双方兑子的局面。
4. 如果黑方以左中炮去应对士角炮，在第3回合并不能形成牵制对方的局面，如下图所示：黑方三个回合后，优势是可以快速出动直车，但并未牵制红方，且红方形成反宫马的局面，当前红方占优势。

反宫马：双马正起，士角有一炮隔开双马，又称"夹炮屏风"。反宫马的布局攻守兼备，如右图中黑方走"马2进3"，红方走"炮四进五"便可吃马或炮，黑方8路的车也不可进7捉马，红方可走"炮四平二"吃车。

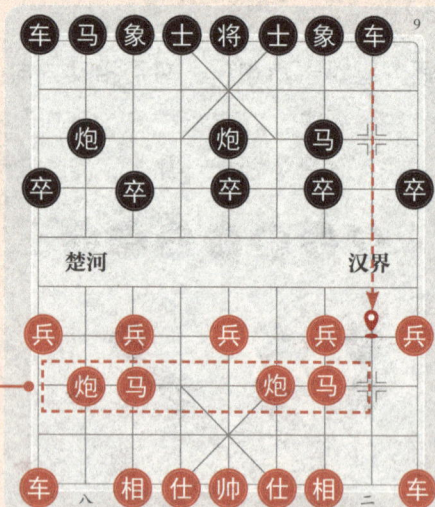

左中炮应对过宫炮1

过宫炮的优势在于子力集中在一侧；其劣势为中兵只有一侧马保护，另一侧子力相对拥堵。**因此，黑方应对过宫炮，一般用相同方向的中炮，其目的是牵制红方一侧的子力，造成其子力拥堵。**

在右图中：黑方走相同方向的中炮后，快速走"马8进7"以免受到红方"车一平二"的牵制；黑方再走"车9进1"便可在下一着平移到4路，牵制红方左侧子力，使其子力拥堵。

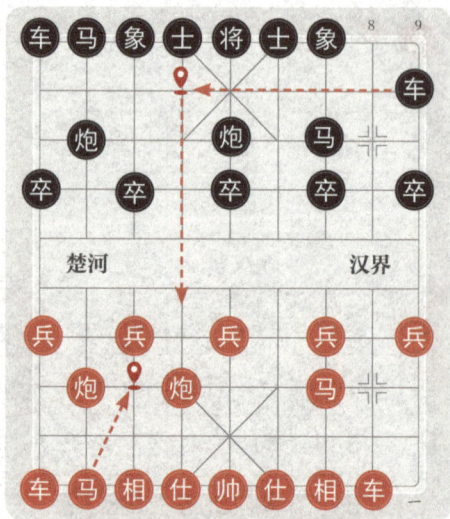

过宫炮布局分析示意图

左中炮应对过宫炮2

在下图中，红方以过宫炮开局，黑方以同一侧的中炮应对，以下演示双方前六回合的棋谱记录。

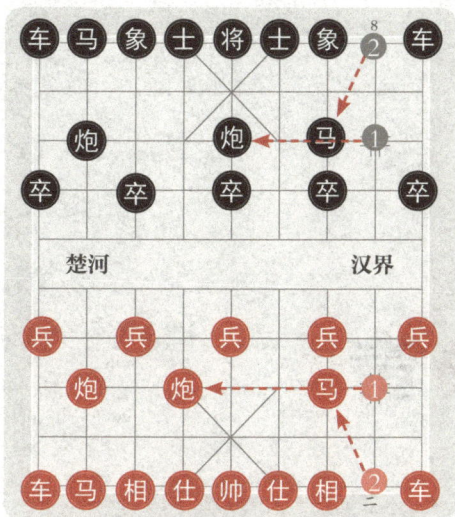

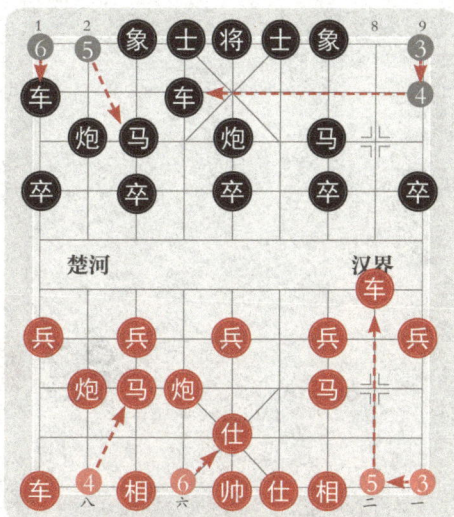

回合	红方	黑方
1	炮二平六	炮8平5
2	马二进三	马8进7
3	车一平二	车9进1
4	马八进七	车9平4
5	车二进四	马2进3
6	仕六进五	车1进1

分析

1. 第1回合黑方架中炮威胁红方中线，红方第2、3回合上马保中兵，并快速出车。
2. 第3回合黑方走"车9进1"准备平4牵制红方炮，再从中线及右翼发起攻势。
3. 第6回合后，黑方局面出现双横车，可伺机发起攻势。
4. 第6回合红方进仕保护六路的炮，破解黑方车的牵制，之后可移动左侧的马、炮、车。

先手开局和后手开局的种类多样，且双方走棋并不固定，我们可从优秀棋谱中学习下棋技巧，而并非按照固定着法去模仿，切忌生搬硬套，需灵活变通。

以上讲解了应对主流的炮类开局的方法，对此有一定的理解后，可收集应对其他开局的方法，循序渐进地学习。

第六章

象棋中局

中局原理和审局

中局是开局的延续，这一阶段会打破开局的均势状态，让局面呈现优劣势状态，是棋局的关键。

中局原理

从阵型部署就绪至双方棋子所剩无几的对战阶段就是中局。中局分前中局和后中局，前中局是开局的延续，后中局是双方子力均有消耗，即将进入残局的阶段。

在右图中，双方六大强力棋子均已出动，攻守阵型部署就绪，当前局面为前中局。

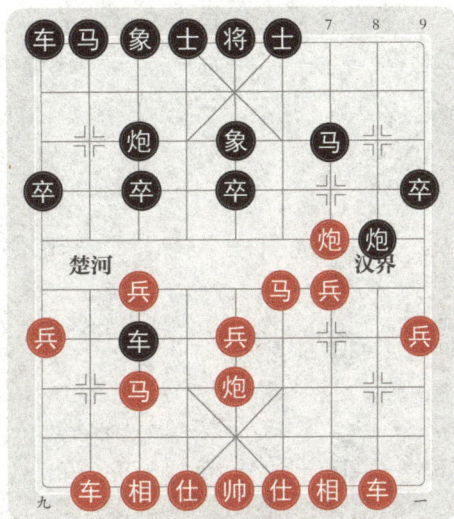

前中局示意图

在右图中，双方经过拼杀，红方丢失双车、一炮和三兵，黑方丢失一车、双炮和两卒，局势逐渐明朗，当前局面为后中局。

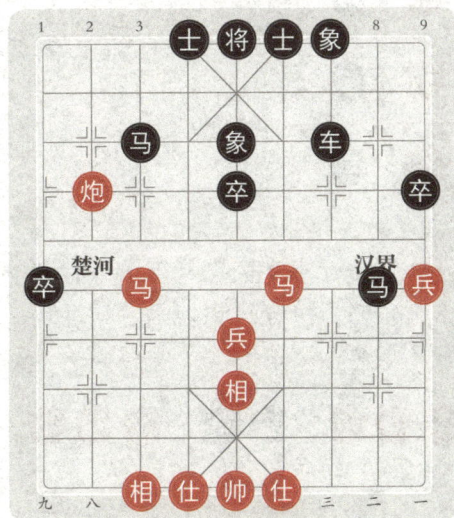

后中局示意图

审局

到了中局阶段，棋手需对当前棋局进行综合分析与判断，也就是审局，审局后制定行棋方案。

可从以下三个方面对棋局进行客观的形势判断。

子力价值

棋子在不同阶段的价值是会变动的，因此棋子的价值分为基础价值和变动价值。

假设将棋盘上每个交叉点定为0.5分，每颗棋子所能控制的交叉点数乘以0.5分为棋子的基础价值，各优势条件对棋子的基础价值赋能，产生变动价值。接下来对各棋子的价值进行分析。

棋子		基础价值		变动价值	
兵 卒	0.5分	过河前只能控制一个交叉点	1.5分	过河后可控制三个交叉点	
仕 士	2分	最多可控制四个交叉点			
相 象	2分	最多可控制四个交叉点	2.5分	活动范围比仕（士）大，且可阻击过河的兵（卒）	
马 马	4分	最多可控制八个交叉点	4.5分	后期棋子减少，子路畅通，价值提升	
炮 炮	4.5分	最多可控制九个交叉点	4分	后期棋子减少，炮架较少，价值降低	
车 车	8.5分	最多可控制十七个交叉点	9分	威力大，机动性强	

注意，中局阶段双方子力价值相同，但棋子结构不同时，子力的价值对比是不同的。如缺相怕炮，缺仕怕马，或者双方仕、相齐全时，车、马、炮略优于双车，车、马、炮优于车、双马和车、双炮。

车 马 炮 ＞ 车 车　　车 马 炮 ＞ 车 马 马　　车 马 炮 ＞ 车 炮 炮

子路是否畅通、子力是否协调

中局对战阶段，子路是否通畅，子力是否可以相互配合、协调作战，尤其重要。

在右图中，双方都损失一炮，子力相等。但黑方的横车受士的阻拦，竖车受红方的炮阻拦，3路的马无路可走，9路的马只可进7，且棋子很难集结，难以相互配合对红方发起攻击。红方的车、马、炮子路通畅，且马为中兵、炮、车的根，它们可相互配合，因此，当前红方占优势。

阵型是否有缺陷

一方阵型有缺陷时，也就是攻守无法兼备时，对方便可优先进攻，在速度上占优，最终获胜。

在右图中，黑方士、象齐全，且多一马，但红方炮在中线牵制黑方的炮和马，不仅使其丧失战力，还阻碍了将和士的活动；红方三路的兵可长驱直入将死黑方。

中局的战略

通过审视棋局，我们大体可将棋局分为优势、均势、劣势三种，面对不同的局势需制定不同的战略。

优势局面的战略

保持局势的同时，加强棋子的配合，谋取对方的子力，在棋子价值和棋子对比上占优，从而扩大优势。

均势局面的战略

需运子，抢先使子路畅通、子力协调，使己方子力在位置上占优，从而使局面向优势转化。

劣势局面的战略

面对劣势局面，棋手需通过运子、谋子、兑子、弃子战术，扭转局面。例如，通过兑子使局面转向均势。

中局的战术

中局阶段双方对局最为激烈，先手方巧用各种战术力求扩大先手优势，后手方则使用各种战术争取并先或反先，**这些战术大致可分为运子战术、谋子战术、兑子战术、弃子战术。**双方运用这些战术的目的有争夺先手、取得攻势、部署杀局、谋求和局等；而实现这些战术有抽将、顿挫、牵制、照将、封锁、围困、拦截、腾挪、闪击等近20种手段。

运子战术和谋子战术贯穿全局，兑子战术和弃子战术多为达到某特定目的而实施。以下从战术手段讲解运子战术和谋子战术，从战术目的讲解兑子战术和弃子战术。

运子战术

运子战术是有计划地将车、马、炮、兵（卒）等棋子从一个交叉点调运到另一个交叉点，以达到占领要点、控制要线、加强防守、巩固防御等目的。

抽将

"抽将"是一种使用频繁，并且攻击猛烈的战术手段。**"抽将"具体是指一方活动一子，一边照将，一边捉子，对方为了应将，只能放弃被捉的棋子。**

在下图中，当前局面红方可运用"抽将"手段，通过调运炮，一边照将，一边捉子，吃掉黑方8路和9路的卒。

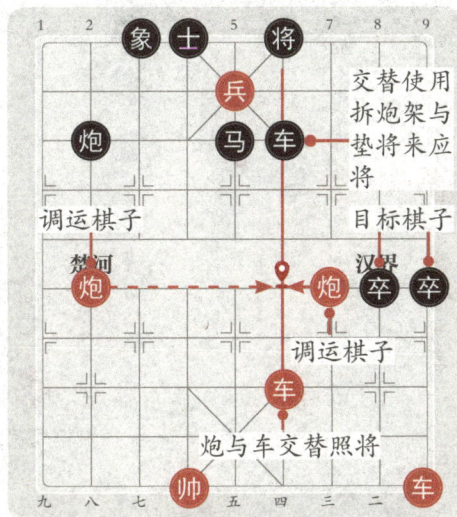

详细行棋步骤见棋谱记录及抽将行棋示意图。

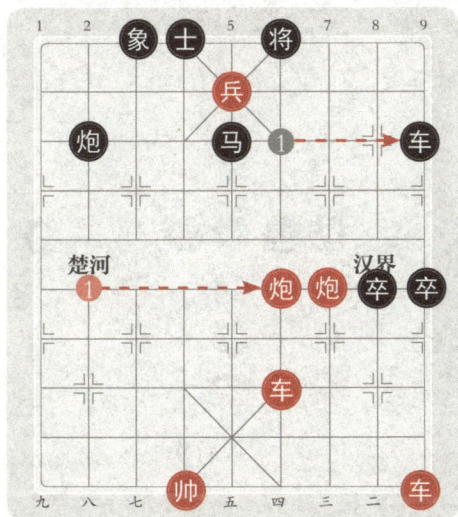

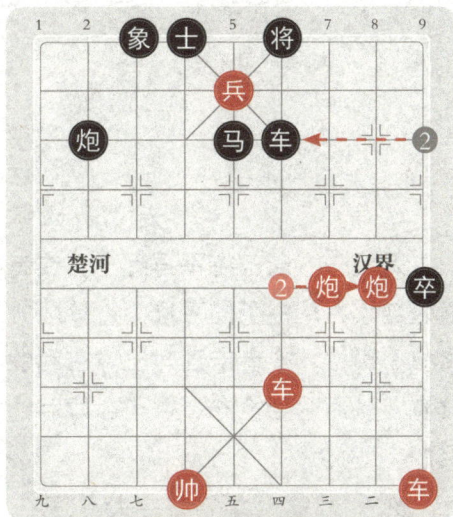

抽将行棋示意图

回合	红方	黑方
1	炮八平四	车6平9
2	炮四平二	车9平6

棋谱记录

分析

红方第1回合"炮八平四"照将，并且捉吃黑方8路的卒，黑方走"车6平9"以拆炮架来应将，放弃8路的卒。

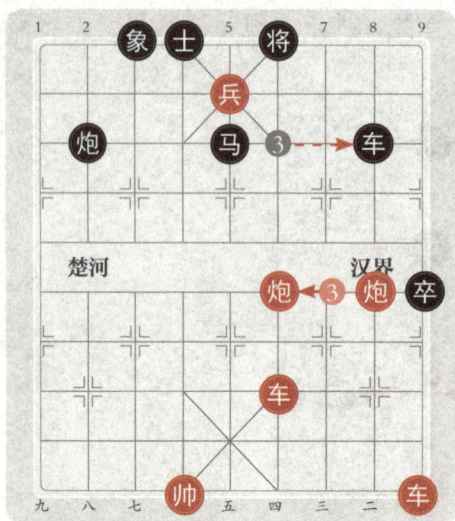

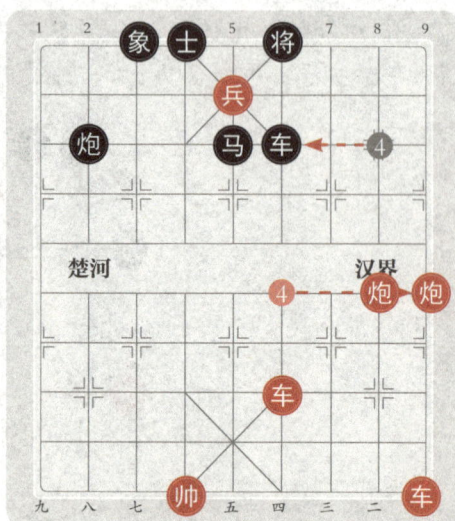

抽将行棋示意图（续）

回合	红方	黑方
3	炮三平四	车6平8
4	炮四平一	车8平6

棋谱记录（续）

分析

红方第3回合"炮三平四"照将，并且捉吃黑方9路的卒，黑方为了应将放弃9路的卒。

顿挫

　　"顿挫"是一种常用的战术手段，**是指一方通过将军再捉子，或者通过连续将军捉子的手段，迫使对方将棋子离位，或者走到对己方有利的位置，从而达到抢先、得子、取胜的目的。**

　　在右图中，红方的中炮牵制黑方中线的象、士，如黑方抓到机会走"车6进3"赶走中炮，解除闷宫威胁，则红方处于劣势。

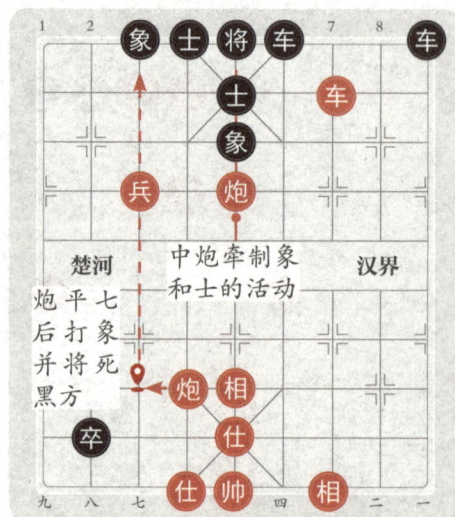

中炮牵制象和士的活动

炮平七后打象并将死黑方

此时，红方需运用"顿挫"手段抢夺先手，扭转局面。详细行棋步骤见棋谱记录及顿挫行棋示意图。

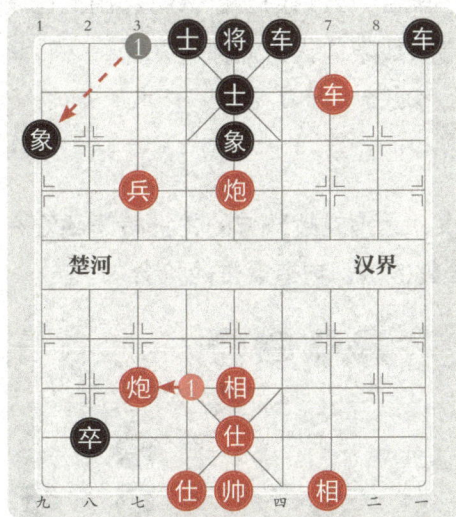

回合	红方	黑方
1	炮六平七	象3进1
2	炮七平八	车6进3
3	炮八进七	象1退3
4	车三平五	将5平6

棋谱记录

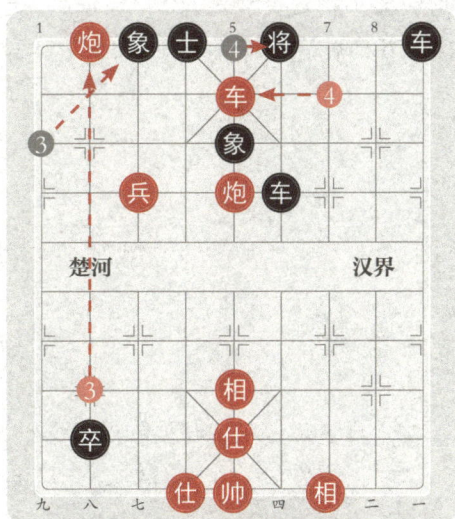

顿挫行棋示意图

分析

1. 红方第1回合"炮六平七"，迫使黑方将3路的象离位。

2. 红方第3回合"炮八进七"，迫使黑方将1路的象退回3路，从而牵制黑方底线上的象和士的活动，让红方平车吃中士。

谋子战术

　　谋子战术是通过一颗棋子或多颗棋子配合，运用闪击、串打、围困等手段，谋吃对方的重要棋子，从而使己方局面扭转为优势局面。注意，运用谋子战术时不能因得子而失去先手优势，否则就违背了运用这一战术的目的。

闪击

　　"闪击"是一种较为常见的战术手段，是指交战双方的关键棋子纠缠在一起时，其中一方突然闪开某颗棋子，给其他棋子创造袭击的机会。

　　在右图中，黑方比红方多一颗过河的中卒，且子路比红方通畅，红方当前处于劣势。为了扭转局面，红方进九路的兵，目的是下一着让九路的车进一到达巡河线，使三路的马进四，从而使己方子路畅通。

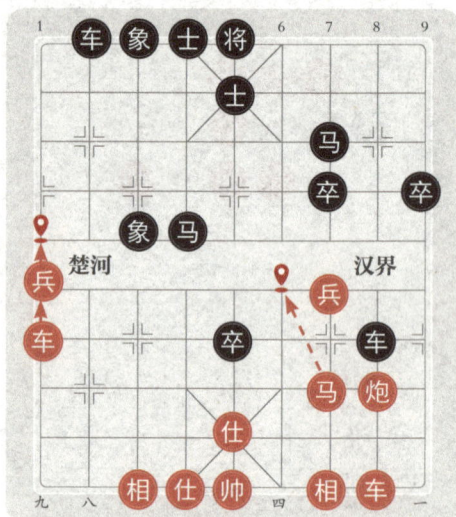

　　在右图中，当红方走"兵九进一"后，黑方为了牵制红方，走"车2进5"抢先占领要道；但黑方的底象便成了无根子，使阵型有了漏洞。此时，红方可利用"闪击"手段，吃掉黑方中卒，从而扭转劣势局面。

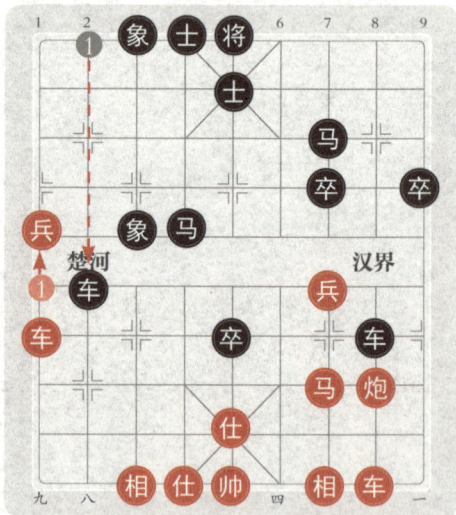

详细行棋步骤见棋谱记录及闪击行棋示意图。

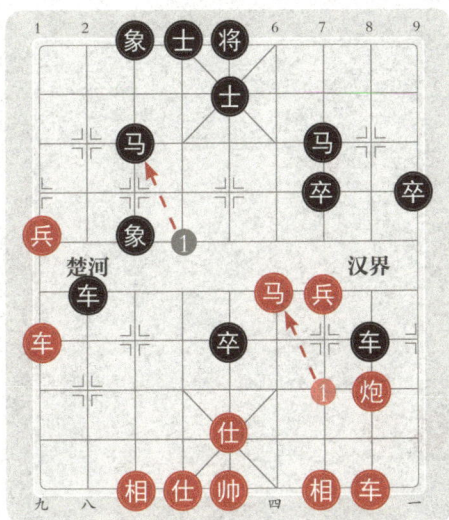

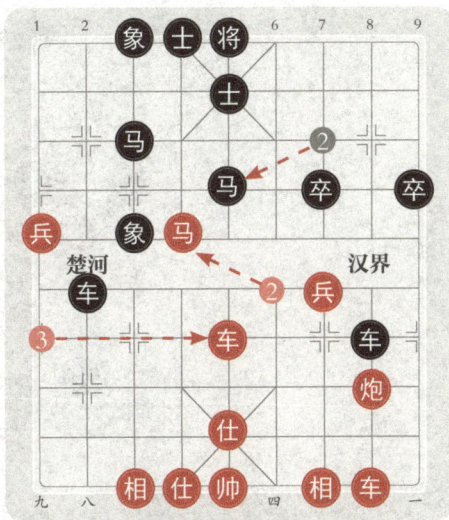

闪击行棋示意图

回合	红方	黑方
1	马三进四	马4退3
2	马四进六	马7进5
3	车九平五	

棋谱记录

分析

1. 红方第1回合走"马三进四"为"炮二平七"打底象做闷宫局，以及为"车二进三"吃黑方车创造机会；红方虽主动送吃，但黑方迫于闪击的威胁只能走"马4退3"。

2. 红方第2回合走"马四进六"步步紧逼，黑方迫于闪击的威胁不仅不能吃子，还需进7路的马保护3路的马。

3. 红方第3回合吃中卒，有六路的马保护，黑方如平车吃子，红方可用马反吃。

串打

串打是谋子战术中常用的一种战术手段，**它是指一方用车、炮两种直线活动的棋子，牵制对方处于同一直线的两颗至三颗棋子，再调动其他棋子发动攻击，从而谋得对方棋子的手段。**

在下页图中，黑方的马、车、卒在一条横线上，红方的炮在这三颗棋子的一侧，红方的炮移动至同一横线后，因黑方无棋子攻击红方的炮，红方即形成串打局面。

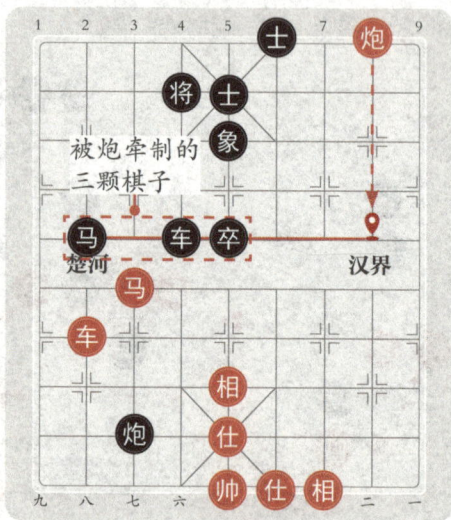

被炮牵制的三颗棋子

详细行棋步骤见棋谱记录及串打行棋示意图。

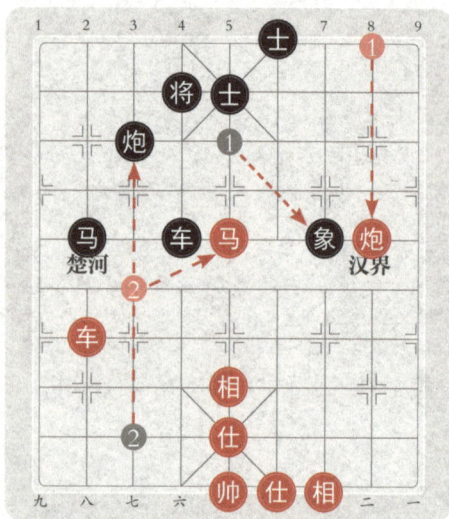

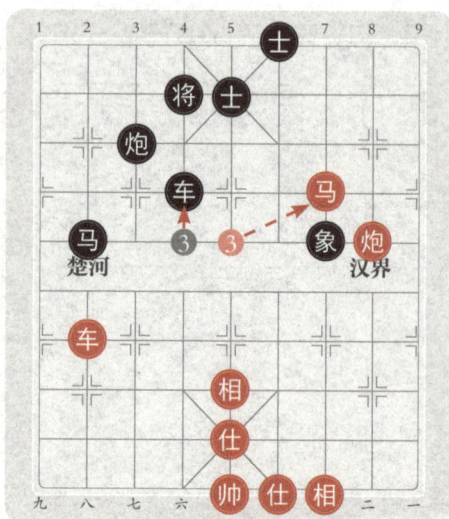

串打行棋示意图

回合	红方	黑方
1	炮二退四	象5进7
2	马七进五	炮3退6
3	马五进三	车4退1

棋谱记录

分析

1. 红方第1回合走"炮二退四"即串打局面形成，一炮牵制黑方车、马、卒，黑方进象阻拦，仍未摆脱串打局面。

2. 红方第2回合走"马七进五"得子，且形成串打局面，黑方车、象不敢移动。如黑方走开马，红方进车将军，黑方陷入死局，因此，黑方只能退炮，意图架中炮。

3. 红方第3回合走"马五进三"再次形成串打局面，黑方车退一捉红马。

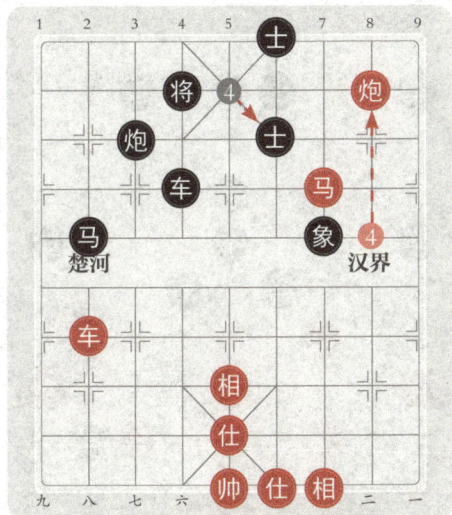

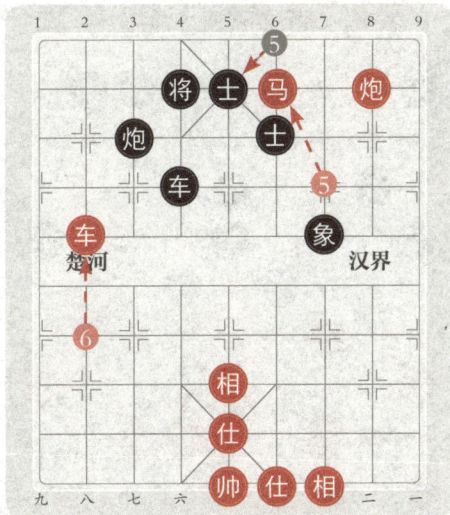

串打行棋示意图（续）

回合	红方	黑方
4	炮二进三	士5进6
5	马三进四	士6进5
6	车八进二	

棋谱记录（续）

分析

1. 第6回合红方通过照将抢夺先手，破解兑子局面，成功实施串打计划，吃掉黑方的马。

2. 如黑方以"将4退1"应将，红方先走"车八进二"吃马，且以"车八进四"做杀；如黑方将进1，红方先走"车八进二"吃马，再进二又形成串打局面。

兑子战术

兑子战术是通过子力的交换，实现抢占有利位置、争夺先手、取得攻势、成杀入局的目的。

兑子取势

通过兑换子力，改善子力部署，即抢占有利位置，造成有利于己方攻杀的局面。

在右图中，双方处于均势局面，红方可走"炮五平四"邀黑方以炮换炮，扭转局势。

详细行棋步骤见棋谱记录及兑子取势行棋示意图。

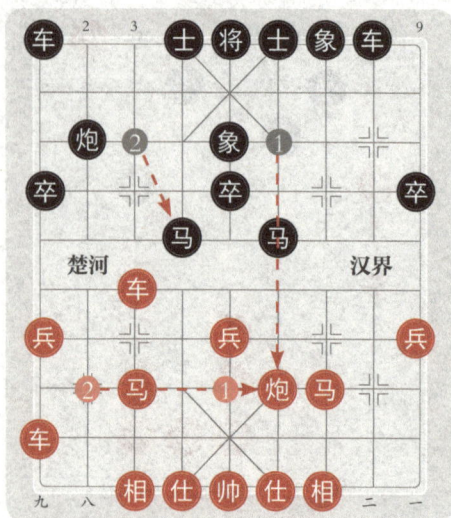

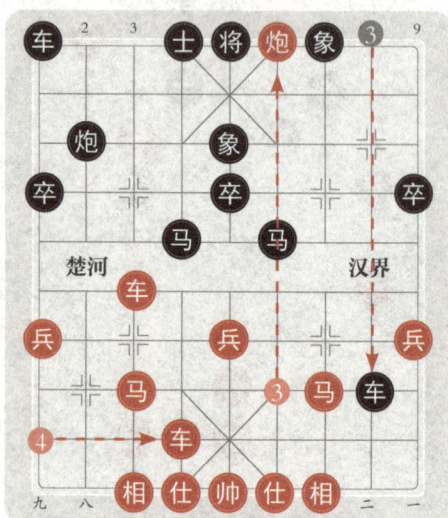

回合	红方	黑方
1	炮五平四	炮6进5
2	炮八平四	马3进4
3	炮四进七	车8进7
4	车九平六	车8平7
5	车六进四	马6退7
6	炮四退一	

棋谱记录

兑子取势行棋示意图

分析

1. 第1~2回合，红方邀兑，黑方应邀兑炮后，黑方的6路便成了阵型漏洞，红方立即炮轰底士。

2. 第3回合，黑方如改走"将5平6"，红方便可走"车九平四"形成串打局面，之后的局势红方更占优。

3. 第4回合，红方走"车九平六"继续邀兑，保持优势局面。

4. 第5回合双方各兑一马，红方在棋子种类以及棋子位置方面都占优势。

兑子争先

争先是指争夺先手，也就是争夺棋局的主动权，兑子争先即通过兑换子力，争夺先手。

在右图中，黑方3路的马因面临红方的兵威胁，需要退马；面对当前局面，黑方邀红方兑车，将退马和兑子合为一步，即节省一步棋，争夺先手。

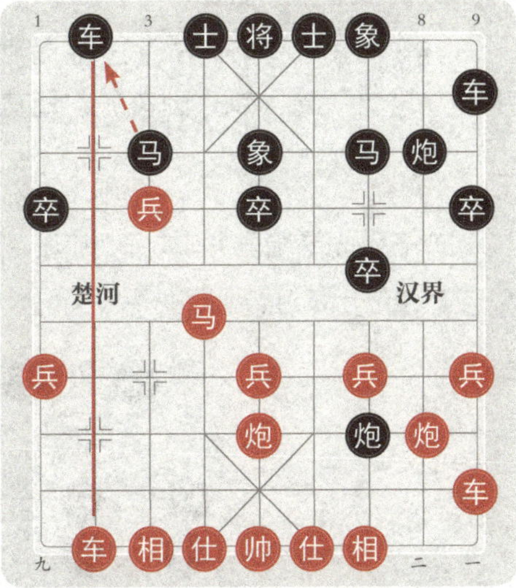

面对当前局势，红方为了争夺先手，应以下图展示的棋谱记录及兑子争先行棋示意图行棋。

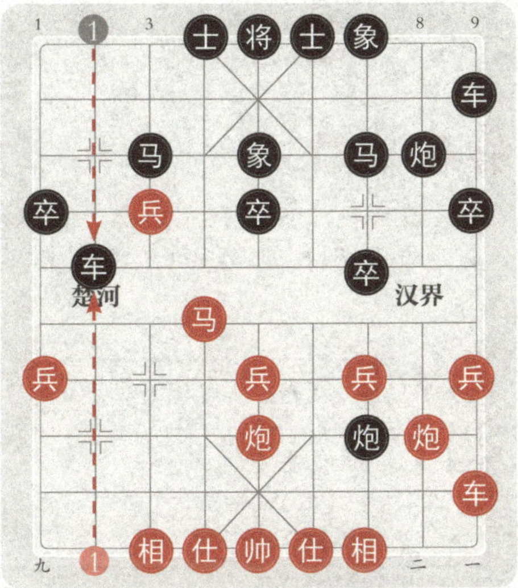

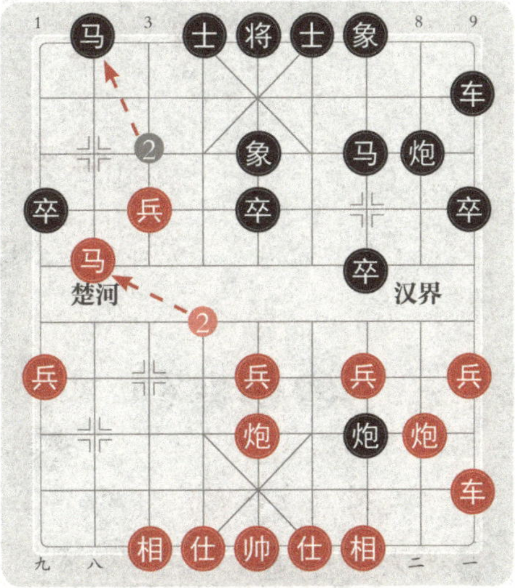

兑子争先行棋示意图

回合	红方	黑方
1	车八进五	车2进4
2	马六进八	马3退2

棋谱记录

分析

红方第1回合进车至骑河线，该交叉点正好为巡河马下一着过河的交叉点；黑方的马依旧受红方兵攻击，面对当前局势，黑方只能先兑车，再退马，而红方却将兑子和进马合二为一，节省一步棋。

弃子战术

弃子战术是指一方通过主动喂吃或放弃某一子，把子力转化为"先手""攻势"等，以达到争先、取势、攻杀、谋和等目的。

弃子争先

弃子争先是指一方以弃子为手段，争夺行棋的先手和进攻的主动权。在下图中，红方车和炮已过河，且下一着可走"车八平七"吃卒捉马，扩大先手优势。

面对当前局势，黑方可采用弃马的手段，争夺先手。详细行棋步骤见棋谱记录及弃子争先行棋示意图。

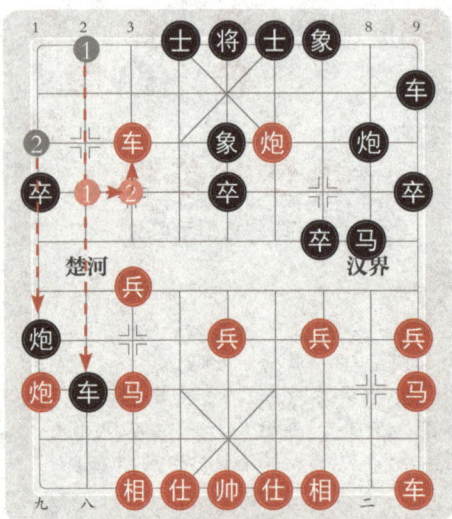

弃子争先行棋示意图

回合	红方	黑方
1	车八平七	车2进7
2	车七进一	炮1进4

棋谱记录

分析

1. 第1回合红方走"车八平七"吃卒捉马，黑方走"车2进7"邀红方马兑马。

2. 第2回合红方走"车七进一"兑马，黑方走"炮1进4"以弃马为代价，让己方的棋子位置占优，且己方的车捉红方的马，取得行棋的主动权。

弃子取势

弃子取势是指一方以弃子为手段，争取时机，调动子力部署有利于己方攻杀的局势。

接上述讲解的弃子争先局面，黑方已争夺先手，红方需移开七路的马。在右图中，红方走"马七进六"为最佳方案，不仅能避开黑方的车，还能攻击黑方的中卒。

面对当前局势，黑方依旧采取弃子手段，强势进攻，快速调动子力部署有利于己方攻杀的局势。详细行棋步骤见棋谱记录及弃子取势行棋示意图。

弃子取势行棋示意图

回合	红方	黑方
1	马七进六	车9平4
2	马六进五	车4进2
3	马五退四	卒7进1
4	马四退五	车2退1

棋谱记录

分析

1. 第1回合红方走"马七进六"捉黑方中卒，黑方弃中卒走"车9平4"抢占肋道。

2. 第2～3回合黑方强势进攻，将红方的马撵回红方阵营。

3. 第4回合黑方走"车2退1"对红方中兵发起进攻，且下一着便可将军。

第七章

象棋残局

残局原理

残局是双方对弈最终分出胜负或和的阶段，残局有两个特征，以下分别说明。

特征1：双方子力

由中局进入残局，双方往往经历了激烈的厮杀，双方子力严重耗损，当单方的六大强力棋子损失一半时（例如，有车的一方强力棋子在两颗以内，无车的一方强力棋子在三颗以内），便进入残局。

特征2：双方局势

在中局阶段双方运用各种战术争夺先手等，一般经历拼杀后，局势已逐渐明朗，当分出优劣势或均势后，便可大体判断最终的胜负或和。

残局定式

残局阶段双方棋子少，局势明朗，且残局最终成为胜局或和局，都有一定的攻守技巧和规律可循，这就是残局定式。

常规定式

在残局阶段，依据双方的子力情况，残局大概可分为十一类，在残局结果中分为胜和巧胜，其中胜为必胜残局，而巧胜残局一般为和局，如需取胜就需要使用一些行棋技巧，且对方行棋出现过失。下面以表格的形式将一些常规的胜局（"双方子力"这列中的前方棋子战胜后方棋子）列出来。

分类	双方子力	残局结果
兵类	高低兵VS.双象	胜
	双高兵VS.单炮	胜
	三兵VS.卒单缺士	胜
	三兵VS.士象全	胜
	三兵VS.炮双象	胜
	三兵VS.马双象	胜
	高兵VS.单士	巧胜
	高兵VS.双士	巧胜
	高低兵VS.士象全	巧胜

续表

分类	双方子力	残局结果
兵类	高低兵VS.单马	巧胜
	双高兵VS.炮象	巧胜
	双高兵VS.炮士	巧胜
	双低兵VS.马士	巧胜
	双低兵VS.马双象	巧胜
	双低兵VS.双象	巧胜
	三低兵VS.单缺象	巧胜
	三兵VS.炮双士	巧胜
	三兵VS.炮士象	巧胜
	三兵VS.马双士	巧胜
	三兵VS.马士象	巧胜
	三兵VS.单车	巧胜
炮类	炮仕VS.双士	胜
	炮双仕VS.高卒象	胜
	双炮VS.双士	胜
	双炮双相VS.双象	胜
	双炮双相VS.士象全	胜
	双炮仕VS.士象全	胜
	双炮VS.单马	胜
	双炮仕VS.炮双士	胜
	双炮仕VS.马双士	胜
	双炮仕相全VS.马双象	胜
	炮仕VS.高卒	巧胜
	炮仕VS.双低卒	巧胜
	炮仕VS.单马	巧胜
	炮双仕VS.士象	巧胜
	炮双仕VS.双低卒	巧胜
	炮双仕VS.单炮	巧胜
	双炮VS.单炮	巧胜
	双炮VS.马双士	巧胜
	双炮VS.炮双士	巧胜
	双炮仕相全VS.炮双象	巧胜

续表

分类	双方子力	残局结果
炮兵类	炮高兵VS.士象	胜
	炮高兵相VS.双象	胜
	炮高兵仕VS.单缺士	胜
	炮高兵仕相VS.单缺象	胜
	炮高兵双仕VS.炮士	胜
	炮高兵双仕VS.马士	胜
	炮高兵单缺仕VS.士象全	胜
	炮低兵仕VS.单缺士	胜
	炮底兵仕相VS.士象	胜
	炮低兵单缺相VS.单炮	胜
	炮底兵VS.双士	巧胜
	炮低兵VS.单象	巧胜
	炮低兵VS.士象	巧胜
	炮低兵VS.单缺象	巧胜
	炮低兵VS.马卒双士	巧胜
	炮低兵VS.士象全	巧胜
	炮低兵相VS.单象	巧胜
	炮低兵相VS.双象	巧胜
	炮低兵相VS.马士象全	巧胜
	炮低兵相VS.单缺象	巧胜
马类	马VS.单士	胜
	双马VS.炮士象	胜
	双马VS.马士象	胜
	双马VS.炮双士	胜
	双马VS.马双士	胜
	双马VS.炮双象	胜
	双马VS.马双象	胜
	马VS.单象	巧胜
	马VS.单卒	巧胜
马兵类	马高兵VS.炮士	胜
	马高兵VS.马士	胜
	马高兵VS.炮象	胜

续表

分类	双方子力	残局结果
马兵类	马高兵VS.单缺士	胜
	马高兵VS.单缺象	胜
	马底兵VS.单象	胜
	马底兵VS.士象	胜
	马底兵VS.双士	胜
	马双高兵VS.马单缺象	胜
	双马兵VS.马士象全	胜
	双马兵VS.炮士象全	胜
	马高兵VS.马象	巧胜
	马高兵VS.士象全	巧胜
	马高兵VS.卒双士	巧胜
	马底兵VS.双象	巧胜
	马底兵VS.单缺象	巧胜
	马低兵VS.炮士	巧胜
	马低兵VS.单缺士	巧胜
	马低兵VS.士象全	巧胜
	马双低兵VS.马士象全	巧胜
车类	单车VS.马双士	胜
	单车VS.马士象	胜
	单车VS.炮卒	胜
	双车VS.双马士象全	胜
	双车VS.车马双士	胜
	双车VS.车炮双象	胜
	单车VS.士象全	巧胜
	单车VS.马双象	巧胜
	单车VS.炮双士	巧胜
	单车VS.炮双象	巧胜
	单车VS.马炮	巧胜
	单车VS.双炮/双马	巧胜
	双车VS.单车士象全	巧胜
	双车VS.车马单缺士	巧胜
	双车VS.车炮双士	巧胜

续表

分类	双方子力	残局结果
车兵类	车高兵VS.马士象全	胜
	车高兵VS.双马双士	胜
	车高兵VS.马炮双士	胜
	车高兵VS.双炮双士	胜
	车高兵仕VS.车士	胜
	车高兵仕VS.车双象	胜
	车低兵仕相VS.车双象	胜
	车双兵VS.马炮士象全	胜
	车双兵VS.双马士象全	胜
	车双兵VS.双炮士象全	胜
	车双兵仕相VS.车单缺象	胜
	车底兵VS.单车	巧胜
	车底兵仕VS.车士	巧胜
	车低兵VS.车象	巧胜
	车低兵VS.炮士象全	巧胜
马炮类	马炮VS.炮双士	胜
	马炮VS.炮士象	胜
	马炮仕VS.马双士	胜
	马炮仕相VS.马双象	胜
	马炮仕相VS.炮双象	胜
	马炮单缺仕VS.马单缺象	胜
	马炮单缺仕VS.马单缺士	胜
	马炮单缺仕VS.炮单缺象	胜
车炮类	车炮仕VS.车双象	胜
	车炮仕相VS.双马士象全	胜
	车炮双VS.胜车双士	胜
	车炮兵仕VS.车士象全	胜
	车炮兵仕相全VS.车马卒双士	胜
	车炮VS.车士	巧胜
	车炮仕相VS.双炮士象全	巧胜
	车炮仕相VS.马炮士象全	巧胜
	车炮仕相全VS.车马双士	巧胜
	车炮兵双相VS.车炮士象全	巧胜

续表

分类	双方子力	残局结果
车马类	车马双相VS.车双士	胜
	车马仕相全VS.双马士象全	胜
	车马高兵双仕VS.车士象全	胜
	车马高兵仕相全VS.车炮双士	胜
	车马VS.车卒	巧胜
	车马VS.车炮象	巧胜
	车马相VS.车炮士	巧胜
	车马仕相VS.车单缺士	巧胜
	车马单缺仕VS.车士象全	巧胜
	车马低兵VS.车士象全	巧胜
	车马高兵仕相全VS.车马双士	巧胜
	车马兵仕相全VS.车炮单缺象	巧胜
马炮兵类	马炮兵仕相全VS.马双卒士象全	胜
	马炮兵仕相全VS.炮双卒士象全	胜
	马炮兵VS.车卒双士	巧胜
	马炮兵VS.三卒双士	巧胜
	马炮兵仕VS.车双象	巧胜
	马炮兵相VS.单车	巧胜

定式杀法

　　以兵类残局为例，从中选择一个必胜残局和一个巧胜残局讲解行棋技巧。

　　在学习兵类残局定式杀法前，先回忆高兵、低兵和底兵的概念。对红方来讲，高兵即不低于卒林线的过河兵，低兵即位于对方阵营宫顶线和底二线的兵，底兵即位于对方阵营底线的兵。

高低兵VS.双象

一般高低兵对双象的残局为红方必胜局，取胜的关键是双兵控制两肋，再以主帅协助双兵将黑方困毙。

在右图中，红方除主帅以外剩一高兵和一低兵，黑方除主将以外剩双象，红方只需让双兵控制两肋，便可取胜。

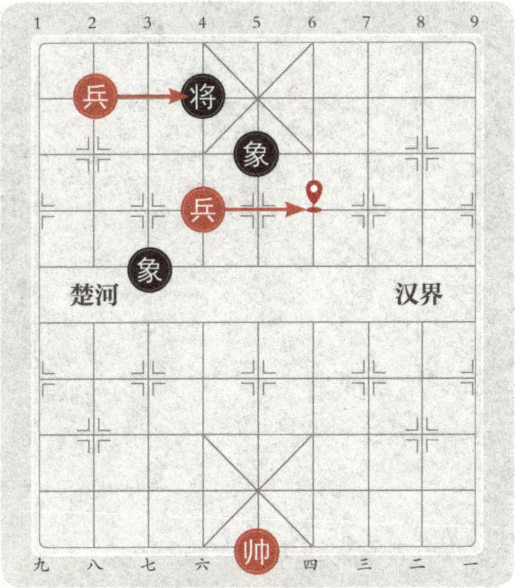

高低兵VS.双象残局示意图

红方先行棋，以下演示红方取胜的行棋步骤。

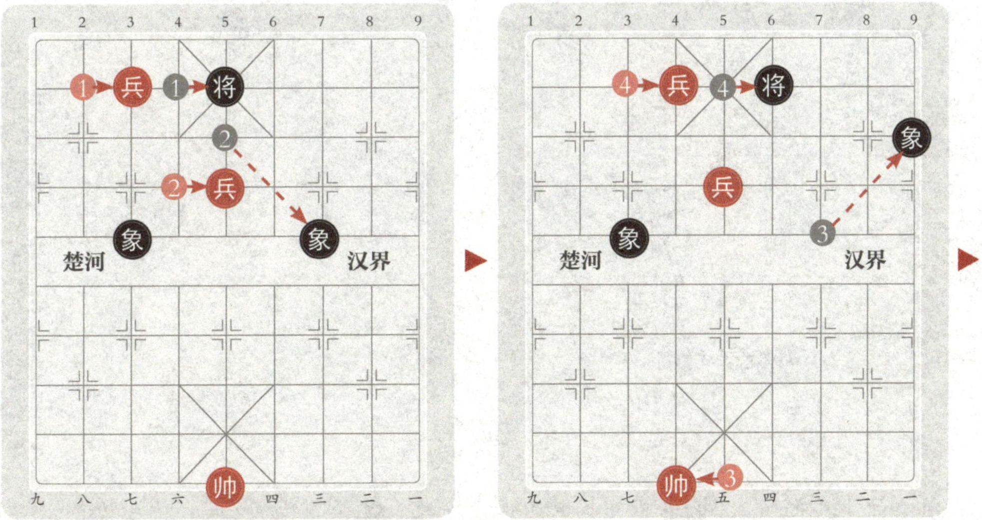

回合	红方	黑方
1	兵八平七	将4平5
2	兵六平五	象5进7
3	帅五平六	象7退9
4	兵七平六	将5平6

棋谱记录

分析

1. 红方的双兵在到达肋道之前不可下移，只可平移。

2. 低兵控制距离最近的肋道，且平移至肋道前需先有根，防止黑方的将吃兵，这里平帅，让帅作为兵的根。

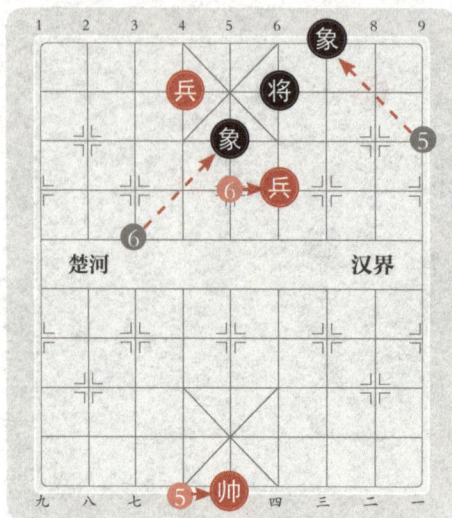

回合	红方	黑方
5	帅六平五	象9退7
6	兵五平四	象3退5
7	帅五平四	将6退1
8	兵四进一	将6平5
9	兵四进一	

棋谱记录（续）

分析

红方的高兵平移至另一条肋道，需进兵捉将时，就需先平帅至高兵所在肋道，再进兵捉将，防止黑方进将吃兵。

高兵VS.单士

一般单兵对单士为和棋，但也有巧胜的机会，取胜的关键是主帅与兵各控制一条肋道。

在右图中，红方剩一高兵和主帅，黑方剩主将和单士，这种局势黑方可取得和局，红方也可巧胜。

在下图中，红方先行棋，以下演示黑方谋和的行棋步骤。

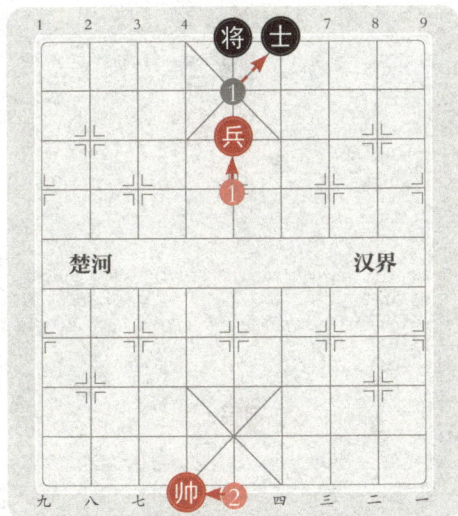

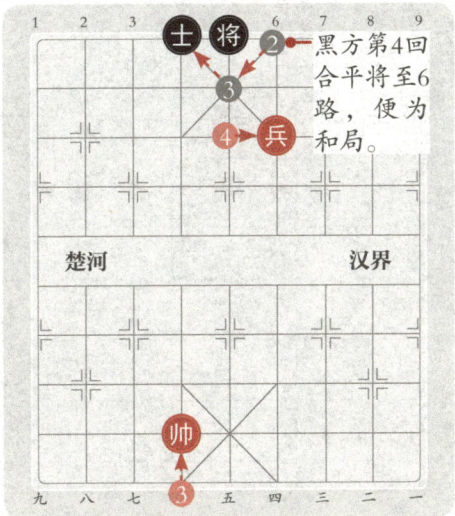

黑方第4回合平将至6路，便为和局。

回合	红方	黑方
1	兵五进一	士5退6
2	帅五平六	士6进5
3	帅六进一	士5退4
4	兵五平四	

棋谱记录

分析

1. 第2回合红方必须平帅至肋道，且帅移动的方向与黑方的士相反，让帅独占一条肋道。

2. 第3回合红方进帅，等黑方退士后再平兵，黑方谋和的关键是退士至红方主帅所在肋道。

3. 第4回合红方平兵至四路，黑方平将至6路，红方便不能走"兵四进一"将死黑方。

在下图中，接上图第1至第2回合，如第3回合黑方退士至6路，红方便可取胜。以下演示红方取胜的行棋步骤。

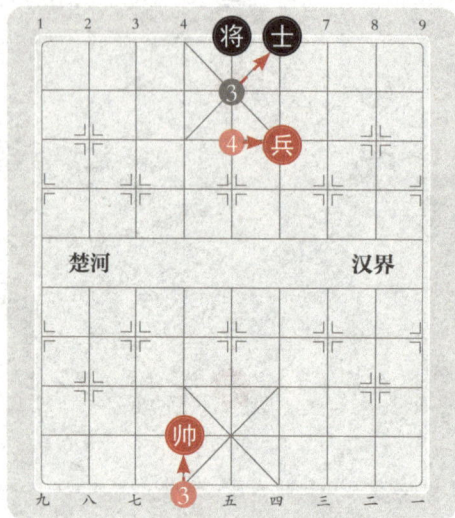

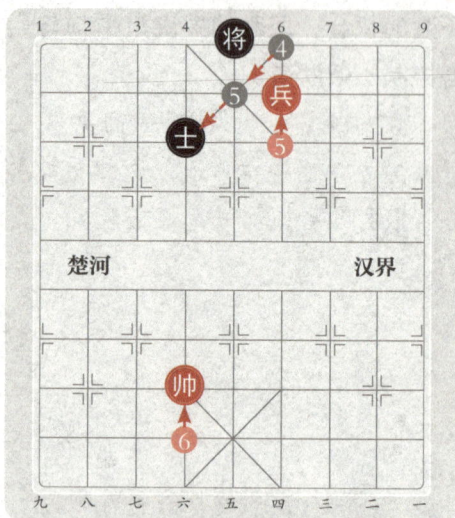

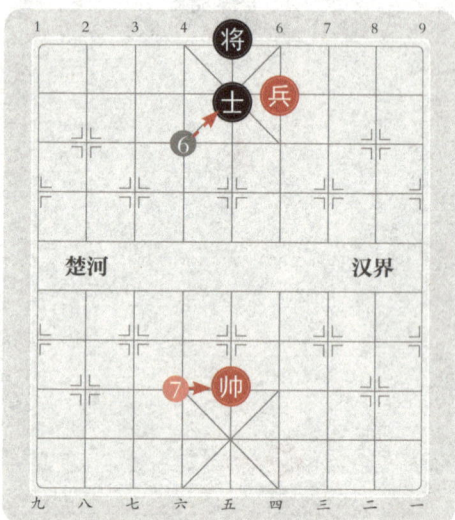

回合	红方	黑方
3	帅六进一	士5退6
4	兵五平四	士6进5
5	兵四进一	士5进4
6	帅六进一	士4退5
7	帅六平五	

棋谱记录

分析

1. 第4回合红方平兵至四路，帅与兵各占一条肋道，这是关键步骤。
2. 第5回合红方进兵，走到象眼位置很关键，这个位置控制了黑方将的活动。
3. 第6回合红方不可移动兵，目前兵为无根子，不可轻举妄动，因此，只可进帅或退帅，等黑方退士或平将至4路。
4. 第7回合红方平帅至中线，与兵配合打士；黑方的将只能平移，之后就无棋可走了。注意，如黑方第6回合平将至4路，红方第7回合直接平兵至中线可困毙黑方。